이것이 믿음이다

본 저서는 1979년 9월에 발행되었던 조용기 목사의 〈이것이 믿음이다〉를 재발간한 도서입니다.

| 머 리 말 |

소원하는 이들을 위한 길잡이

믿는다는 말은 평범하고 쉬워 보이면서도 실제적으로 그보다도 더 어렵고 실천하기에 힘든 것도 없습니다.

우리들은 강단에서 주님의 종들이 의심치 말고 믿으라고 외치는 말씀을 수없이 들어 왔습니다. 그리고 우리들 자신도 의심치 말고 믿어보려고 끝없이 노력해 오고 있습니다.

그러나 마치 손에 잡힐 듯 잡힐 듯 하면서도 잡히지 않는 행복의 파랑새처럼 믿음도 믿을수록 더 어려워진다고들 말합니다.

저는 수십만 명의 성도들을 모시고 목회하는 중 어찌하든지 성도들의 믿음을 도와 드려야만 되겠다는 열화같은 소원 중에서 이 책을 출간하게 되었습니다.

이 책은 진실로 능력있는, 하나님의 보좌를 움직이는 믿음을 행사하려고 소원하는 이들에게 놀라운 길잡이가 될 것입니다.

조 용 기 목사

차 례

제1장 아브라함의 상속자 9

01 삶의 저주는 어디에서 왔는가 15
  아담의 타락과 저주 15
  신명기에 나타난 율법의 저주 17
02 우리를 대신하여 저주를 받으신 예수님 23
03 아브라함의 상속자 29
  하나님의 택하심을 받는 축복 30
  장수와 건강의 축복 31
  생활을 창대케 한 축복 34
04 결 론 37

제2장 보이는 믿음과 입술의 고백 41

01 예수님께서 들으시고 기이히 여기신 마음 47
  백부장의 믿음 47
  아브라함의 신앙고백 50
  수로보니게 여인의 신앙고백 55
02 구원받는 믿음과 고백 61

마음에 믿고 입으로 시인하는 믿음 61
　　　산 믿음의 표시 – 전도 64
03 **신앙고백의 대제사장** 67
　　　대제사장 예수 67
　　　믿는 도리를 굳게 잡자 68
04 **결 론** 73

제3장　보이는 믿음과 행함 77

01 **예수님께서 찾으시는 보이는 믿음** 83
02 **하나님은 왜 아브람을 시험하셨나** 89
　　　아브라함이 믿은 바 하나님 89
　　　아브라함의 믿음을 친히 보시기를 원하신 하나님 90
03 **우리 자신의 믿음을 예수님께 보여드리려면** 99
　　　하나님의 말씀을 들어야 한다 99
　　　감각과 이성의 장벽을 뚫어야 한다 102
04 **결 론** 109

제4장 보이는 믿음과 십일조 111

01 물질과 생활과 하나님 117
물질과 생활을 지으신 하나님 117
아담으로 인한 저주와 파괴 119

02 물질과 생활의 회복 123
물질의 궁핍에서 건져주신 예수님 123
생활의 저주에서 건져주신 예수님 129
예수님의 은혜를 심령 속에 받아들여라 132

03 보이는 믿음과 십일조 133
믿음의 조상 아브라함과 십일조 133
하나님의 응답 136
야곱의 서원 137

04 물질과 생활에서 부요케 됨을 기뻐하시는 하나님 141
부어주시는 하나님 141
지켜주시는 하나님 143

05 결 론 145

제5장 보이는 믿음과 믿음의 씨앗 149

01 믿음의 씨앗을 심어라 155
엘리야와 사르밧 과부 155

예수님과 오병이어의 기적 160
02 **믿음의 씨앗을 심는 방법** 167
각각 그 마음에 정한대로 할 것 167
인색함으로나 억지로 하지 말 것 169
즐겨 내라 171
03 **씨앗을 심은 후에 할 일** 173
거둘 것을 기대하라 173
가꾸라 174
기다려라 175
04 **결 론** 179

제6장 보이는 신앙과 깨어진 자아 183

01 **주님을 즐거워하는 생활** 187
주님의 말씀을 즐거워함 187
주님을 대접하는 것을 기뻐함 193
02 **믿음의 어리석은 길을 택하는 생활** 197
03 **자아(自我)라는 옥합을 깨뜨린 삶** 209
이해타산 없이 예수님께 부어버린 삶 209
자아가 깨어지지 아니한 가룟 유다 213
예수님께 대한 헌신 – 신앙의 극치 215
04 **결 론** 219

PART 1

아브라함의 **상속자**

『그리스도께서 우리를 위하여 저주를 받은 바 되사 율법의 저주에서 우리를 속량하셨으니 기록된 바 나무에 달린 자마다 저주 아래에 있는 자라 하였음이라
이는 그리스도 예수 안에서 아브라함의 복이 이방인에게 미치게 하고 또 우리로 하여금 믿음으로 말미암아 성령의 약속을 받게 하려 함이라』

(갈라디아서 3:13~14)

제1장

아브라함의 상속자

하나님께서 인생을 창조하신 후 처음 하신 일은 인생들에게 축복하신 일이었습니다. 성경 창세기 1장 27~28절에 보면 이같이 기록하고 있습니다.

『하나님이 자기 형상 곧 하나님의 형상대로 사람을 창조하시되 남자와 여자를 창조하시고 하나님이 그들에게 복을 주시며 그들에게 이르시되 생육하고 번성하여 땅에 충만하라, 땅을 정복하라, 바다의 고기와 공중의 새와 땅에 움직이는 모든 생물을 다스리라 하시니라』

그러므로 하나님과 인생과 축복은 분리할 수 없는 관계를 가지고 있습니다.

나는 오스트레일리아에 전도여행을 갈 때마다 하나님께서 그 나라에 주신 자연환경의 축복에 깊은 감명을 받습니다. 산자수명(山紫水明)하고, 어느 곳엘 가든지 풍부한 자연자원으로, 사람들은 별로 노력하지 않아도 잘 먹고 잘 입고 잘 살 수 있는 나라입니다.

그뿐 아니라 오스트레일리아 사람들의 유족한 생활은 퍽이나 인상적이었습니다.

이로 말미암아 하나님께서는 축복 주시기를 원하시는 하나님이시며, 인생이 도적질당하고 죽임을 당하며 멸망당하기를 원치 아니하시는 좋은 하나님이심을 마음 속 깊이 다시 되새기게 되었습니다.

어떤 사람들은 하나님께서는 우리에게 축복주시기를 원치 아니하시며, 우리가 하나님께 복을 구하는 것은 잘못된 신앙이라고 말하고 있습니다. 어떻게 하여 그들이 그와 같은 말을 하는지 나는 알 수가 없습니다.

하나님께서는 주를 섬기지 않는 백성들에게도 햇빛과 비를 주시고 풍성한 자연자원을 주십니다. 그런데 하물며 하나님의 친자녀들, 예수 그리스도의 십자가 보혈로 구속함을 받고 성령을 모시며 주야로 하나님을 섬기는 사람들을 하나님께서 모른 체하고 내버려 두실 리가 만무합니다. 상식적으로 생각해도 그러한 일은 있을 수 없습니다. 성경에도 이 같은 비유의 말씀이 있습니다.

『너희 중에 누가 아들이 떡을 달라 하면 돌을 주며 생선을 달라 하면 뱀을 줄 사람이 있겠느냐 너희가 악한 자라도 좋은 것으로 자식에게 줄줄 알거든 하물며 하늘에 계신 너희 아버지께서 구하는 자에게 좋은 것으로 주시지 않겠느냐』(마태복음 7:9~11)

하나님께서 우리에게 축복해 주시기를 원하시는 좋은 하나님이시면 왜 오늘날 우리가 살아가는 이 세상에는 죄와 질병과 저주와 가난과 슬픔과 절망과 죽음이 먼지와 티끌처럼 많은가 하고 질문을 던지실 분이 많을 것입니다.

거기에 대한 대답을 성경을 통해 증거해 드리겠습

니다.

CHAPTER 01

삶의 저주는 어디에서 왔는가

아담의 타락과 저주

성경 창세기 1장 27~28절을 보면 하나님께서 하나님의 형상과 모양대로 아담과 하와를 지으시고 복을 주셨음을 알 수 있습니다. 하나님은 복의 근원이며 복 주시기를 원하시는 하나님이십니다. 그런데 이 세상에 하나님의 축복대신 절망과 죽음이 가득 차게 된 원인은 아담과 하와의 반역죄 때문이었습니다.

『아담에게 이르시되 네가 네 아내의 말을 듣고 내

가 너더러 먹지 말라한 나무 실과를 먹었은즉 땅은 너로 인하여 저주를 받고 너는 종신토록 수고하여야 그 소산을 먹으리라 땅이 네게 가시덤불과 엉겅퀴를 낼 것이라 너의 먹을 것은 밭의 채소인즉 네가 얼굴에 땀이 흘러야 식물을 먹고 필경은 흙으로 돌아 가리니 그 속에서 네가 취함을 입었음이라 너는 흙이니 흙으로 돌아갈 것이니라 하시니라」(창세기 3:17~19)

이 얼마나 처절하고 절망적인 하나님의 심판입니까?

인간을 지으시고 축복을 주셨던 하나님께서 인간에게 이 같은 심판을 명하게 된 것은 하나님의 잘못 때문이 아니라, 하나님의 뜻을 반역하고 불순종하고 하나님 대신 마귀에게 순종하고 쫓아간 아담의 죄 때문이었습니다.

그러나 하나님께서는 죄를 지은 인간을 그대로 내버려 두시지 않으시고 아담의 후예들을 구원하실 계획을 세우셨습니다.

신명기에 나타난 율법의 저주

하나님께서는 인간이 하나님을 반역하고 하나님 없이 살려고 할 때 다가오는 무서운 결과에 대해 성경 신명기 28장에 계시해 주셨습니다.

『네가 만일 네 하나님 여호와의 말씀을 순종하지 아니하여 내가 오늘날 네게 명하는 그 모든 명령과 규례를 지켜 행하지 아니하면 이 모든 저주가 네게 임하고 네게 미칠 것이니』(신명기 28:15)

저주와 절망은 죄를 지은 자에게 형벌로 다가오는 것입니다. 세상에서도 죄를 지으면 감옥에 갇히는 형벌을 받지 않습니까. 만일 죄를 지어도 형벌이 주어지지 않는다면 그 사회는 악인 천지가 되고 폭력 사회가 되고 말 것입니다.

마귀의 말을 듣고 마귀와 한 패가 되어버린 인생들, 하나님께서 아무리 건져주려 해도 반역하는 사람들은 죄의 대가가 얼마나 무서운 것인가를 체험한 이후에라야 회개하고 깨어져서

「천부여, 의지 없어서 손들고 옵니다」

하면서 주님 앞에 나오는 것을 볼 수 있습니다.

성경 신명기 28장에 보면 하나님을 반역한 사람에게 어떠한 저주가 형벌로써 임하게 되는가를 분명히 보여주고 있습니다.

질병의 저주

하나님께 반역한 사람에게는 질병의 저주가 임한다고 했습니다.

『여호와께서 네 몸에 염병이 들게 하사 네가 들어가 얻을 땅에서 필경 너를 멸하실 것이며 여호와께서 폐병과 열병과 염증과 상한과 한재와 풍재와 썩는 재앙으로 너를 치시리니 이 재앙들이 너를 따라서 너를 진멸하게 할 것이라』(신명기 28:21~22)

우리 인간에게 질병의 저주가 다가오게 된 원인은 인간의 반역과 불신앙으로 말미암은 것입니다. 성경에 보면 『너는 흙이니 흙으로 돌아갈 것이니라』고 기록되어 있습니다.

사람이 죽으면 흙으로 돌아갑니다. 이 죽음에 이르도록 하는 징벌로서 질병이 다가오는 것입니다.

질병은 바로 아담의 죄 때문이었습니다.

가난의 저주

하나님의 심판으로 다가오는 저주에는 또한 가난의 저주가 있습니다.

『네 머리 위의 하늘은 놋이 되고 네 아래의 땅은 철이 될 것이며 여호와께서 비 대신에 티끌과 모래를 네 땅에 내리시니 그것들이 하늘에서 네 위에 내려서 필경 너를 멸하리라』(신명기 28:23~24)

하나님을 거역한 사람에게는 가난의 저주가 임한다고 하였습니다.

낭패와 실망의 저주

그 다음에 인간에게 다가온 저주는 낭패와 실망의 저주입니다.

『여호와께서 너로 네 대적 앞에 패하게 하시리니 네가 한 길로 그들을 치러 나가서는 그들의 앞에서 일곱 길로 도망할 것이며 네가 또 세계만국 중에 흩음을 당하고』(신명기 28:25)

하나님을 반역한 사람들은 대적들에게 쫓겨 오히려 일곱 길로 도망가고, 손대는 것마다 실패할 것이라고 하였습니다.

또 성경 신명기 28장 38~40절에 보면 이렇게 말씀하셨습니다.

『네가 많은 종자를 들에 심을지라도 메뚜기가 먹으므로 거둘 것이 적을 것이며 네가 포도원을 심고 다스릴지라도 벌레가 먹으므로 포도를 따지 못하고 포도주를 마시지 못할 것이며 네 모든 경내에 감람나무가 있을지라도 그 열매가 떨어지므로 그 기름을 네 몸에 바르지 못할 것이며』

이 얼마나 무서운 가난과 낭패의 저주입니까. 하나님을 거역한 인간에게는 낭패의 저주가 따르는 것입니다.

이방의 압제의 저주

나아가 이방(異邦)의 압제의 저주가 임한다고 하였습니다.

『네가 주리고 목마르고 헐벗고 모든 것이 핍절한

중에서 여호와께서 보내사 너를 치게 하실 대적을 섬기게 될 것이니 그가 철 멍에를 네 목에 메워서 필경 너를 멸할 것이라』(신명기 28:48)

죽음의 저주

마지막으로 하나님을 반역한 인간에게는 죽음의 저주가 임합니다.

『네 시체가 공중의 모든 새와 땅 짐승들의 밥이 될 것이나 그것들을 쫓아 줄 자가 없을 것이며』(신명기 28:26)

하나님께서는 이스라엘 백성들을 통하여 하나님을 반역한 인간들에게 다가오는 저주를 계시하여 주셨습니다. 질병의 저주, 가난의 저주, 낭패의 저주, 이방인의 압제의 저주, 죽음의 저주가 바로 율법의 저주입니다.

그러면 누가 이 율법의 저주에서 우리를 속량할 수 있겠습니까? 성경에 보면

『모든 사람이 죄를 범하였으매 하나님의 영광에 이르지 못하더니』(로마서 3:23)

라고 기록되어 있습니다. 그러므로 어떠한 사람도 스스로의 힘으로 율법을 다 지켜서 율법의 심판과 저주를 면할 수는 없습니다.

  이러므로 오늘 어떤 개인이나, 가정이나, 어떤 나라를 막론하고 저주의 일부분으로 말미암아 도적질 당하고 죽임을 당하고 있는 것입니다. 수고하고 무거운 짐을 지지 않는 개인이나, 가정이나, 나라는 없습니다. 이것은 곧 우리가 하나님을 거역하고 율법을 거역하므로 말미암아 율법의 저주가 우리 뒤를 그림자처럼 따라다니고 있음을 말해 주고 있습니다.

CHAPTER 02

우리를 대신하여 저주를 받으신 예수님

성경 갈라디아서 3장 13절에 보면 우리들에게 즐거운 소식을 전해주고 있습니다.

『그리스도께서 우리를 위하여 저주를 받은 바 되사 율법의 저주에서 우리를 속량하셨으니 기록된 바 나무에 달린 자마다 저주 아래 있는 자라 하였음이라』

여러분, 왜 예수를 믿습니까? 예수님은 왜 이 세상에 오셨습니까? 무엇 때문에 예수님을 전하는 복음을 기쁜 소식이라고 말합니까? 먼지와 티끌 같이 우리에게 붙어다니고 있는 저주를 씻어주실 분은 예수 그리스도 밖에 없기 때문입니다.

『하나님이 세상을 이처럼 사랑하사 독생자를 주셨으니 이는 저를 믿는 자마다 멸망치 않고 영생을 얻게 하려 하심이라』(요한복음 3:16)

점도 없고 흠도 없으며 죄를 지은 적이 없는 하나님의 아들 예수님께서 이 땅에 오셔서 우리를 대신하여 십자가에 올라가셔서 저주를 받으셨습니다.

여러분, 한 번 생각해보십시오. 하나님께서 여러분과 나를 얼마나 사랑하셨으면 친히 육신을 쓰시고 이 땅에 오셔서 우리를 대신하여 십자가에 못박히시는 비극을 겪었겠습니까.

여러분, 십자가에 못박히시는 것은 결코 아름다운 것이 아닙니다. 지금은 십자가가 우리에게 아름다운 표상이지만 사실 하나님 앞에서 십자가는 결코 아름다운 표상이 아닙니다. 성경 신명기 21장 23절에 보면 이와 같이 기록하고 있습니다.

『그 시체를 나무 위에 밤새도록 두지 말고 당일에 장사하여 네 하나님 여호와께서 네게 기업으로 주시는 땅을 더럽히지 말라 나무에 달린 자는 하나님께 저주를 받았음이니라』

  십자가에 못박히는 것은 하나님께로부터 저주를 받은 것이라고 하였습니다.

  그러면 하나님의 친아들인 예수님께서 왜 저주를 받고 십자가에 못박혔습니까? 예수님께서 십자가에 달리셨을 때

  『엘리 엘리 라마 사박다니 이는 곧 나의 하나님, 나의 하나님, 어찌하여 나를 버리셨나이까 하는 뜻이라 』(마태복음 27:46)

 하고 외쳤습니다. 창세 이전부터 하나님 아버지와 일체인 예수님께서 십자가에 못박혔을 때 하나님께로부터 버림을 당했습니다. 하늘도 고개를 돌렸고, 태양조차 빛을 발하지 아니했으며, 그를 따르던 제자들은 뿔뿔이 흩어졌고, 사방에서 예수를 비난하는 목소리가 들렸습니다.

 『엘리 엘리 라마 사박다니』

  이것은 버림 당한 영원자의 처절한 절규입니다. 예수님께서 십자가에 달려 이토록 처참하게 절규한 까닭은 바로 여러분과 나 때문입니다. 여러분과 내

가 받아야 할 저주를 그가 대신 짊어지셨던 것입니다.

우리를 사랑하시는 그 사랑이 아니었다면 예수님께서 어찌 우리가 저주받을 자리에 대신 들어가 가시관을 쓰시고, 등이 갈기갈기 찢기시며, 손과 발이 대못에 찔리고, 물과 피를 다 쏟으며 십자가에 못박혀 죽는 고통스러운 죽음을 기꺼이 감내했겠습니까.

예수님께서 무리들에게 잡히시기 전,

『너는 내가 내 아버지께 구하여 지금 열 두 영 더 되는 천사를 보내시게 할 수 없는 줄로 아느냐』(마태복음 26:53)

라고 말씀하셨습니다. 십자가에서 능히 내려올 수 있었던 예수님께서 내려오시지 않았던 까닭은 여러분과 나를 사랑하는 사랑 때문이었습니다. 이 사랑이 예수님으로 하여금 십자가에서 내려오지 못하게 하고 우리 대신 저주를 받도록 하셨던 것입니다.

그러므로 이제 우리들에게 있어서 가장 큰 죄는 예수 그리스도를 믿지 않는 죄입니다.

『죄에 대하여라 함은 저희가 나를 믿지 아니함이요』(요한복음 16:9)

이제는 인간이 지은 죄 때문에 지옥에 가는 것이 아니라 예수 그리스도를 믿지 않는 죄 때문에 지옥에 가는 것입니다.

인간이 하나님을 반역한 죄가 얼마나 컸으면 죄가 없는 하나님의 아들이 하나님께로부터 버림을 받는 자리에까지 들어가는 쓴 잔을 마셔야 했겠습니까. 예수님께서 가시관을 쓰신 것은 우리의 가난의 가시를 제하기 위함이고, 예수님께서 채찍에 맞은 것은 우리의 병을 짊어지시기 위한 것이며, 예수님께서 십자가에 달리신 것은 우리의 낭패 당하는 것과 이방의 포로 되는 것과 죽음을 옮겨 놓기 위함이었습니다.

예수님께서는 성경 신명기 28장에 기록된, 율법을 거역하고 저주를 받은 모든 인간들의 저주 일체를 모두 짊어지셨습니다.

십자가에 달리신 예수님께서

『다 이루었다』

하고 외치실 때 모든 인간에게 내려진 저주가 벗겨지게 되었던 것입니다.

예수님께서 십자가에서 고난당하신 것은 우리를 율법의 저주에서 속량하시기 위함입니다. 속량이라는 것은 값을 치르고 사는 것을 말합니다. 예수님께서 여러분과 나를 저주에서 구하시고 영혼이 잘됨 같이 범사에 잘 되고 강건하며 생명을 얻되 넘치게 하도록 하기 위하여 십자가에 달려 몸 찢으시고 피 흘리시며 죽기까지 하셔서 그 값을 치르셨습니다. 예수님께서는 생명의 대가를 주고 여러분과 나를 사셨습니다. 이러므로 예수님을 믿는 여러분 한 사람 한 사람은 예수님 앞에 얼마나 귀한 존재인지 모릅니다.

CHAPTER 03

아브라함의 상속자

『너희가 그리스도께 속한 자면 곧 아브라함의 자손이요 약속대로 유업을 이을 자니라』(갈라디아서 3:29)

아브라함은 믿음의 조상입니다. 하나님께서는 우리가 예수 그리스도를 믿을 때 율법의 저주에서 우리를 건져 주실 뿐만 아니라 아브라함의 자손이 되어 그의 유업도 받게 되겠다고 하였습니다.

예수 그리스도를 믿고 아브라함의 유업까지 받게 된 우리는 먼저 우리가 받을 유업이 어떤 것인가를 알아야 될 것입니다.

그러면 아브라함의 유업이란 어떤 것일까요? 성경 창세기 12장 1~3절에 보면 이렇게 기록되어 있습니다.

『여호와께서 아브람에게 이르시되 너는 너의 본토 친척 아비 집을 떠나 내가 네게 지시할 땅으로 가라 내가 너로 큰 민족을 이루고 네게 복을 주어 네 이름을 창대케 하리니 너는 복의 근원이 될지라 너를 축복하는 자에게는 내가 복을 내리고 너를 저주하는 자에게는 내가 저주하리니 땅의 모든 족속이 너를 인하여 복을 얻을 것이니라 하신지라』

하나님의 택하심을 받는 축복

먼저 아브라함의 유업이란 하나님의 택하심을 받는 축복을 말합니다. 하나님께서는 아브라함을 택해 부르시고 믿음의 조상이 되게 하셨습니다. 여러분이 예수 그리스도를 구주로 모시고 그리스도 안에서 성령으로 말미암아 하나님을 「아바 아버지」라 부를 수 있게 된 것은 여러분이 잘났거나, 율법을 지켰기 때문이 아닙니다. 하나님께서 여러분을 택하여 부르셨기 때문입니다. 여러분은 하나님의 은혜로 예수 그리스도를 믿음으로 말미암아 구원을 받게된 것입니다.

아브라함이 하나님의 부르심을 받은 것처럼 여러분이 하나님의 부르심을 받아 예수 그리스도 안에 들어오게 되었으므로 이는 곧 아브라함의 유업을 받게 된 것입니다.

장수와 건강의 축복

다음으로 아브라함의 유업에는 장수와 건강의 축복이 있습니다. 성경에 보면

『아브라함의 향년이 일백 칠십 오세라 그가 수가 높고 나이 많아 기운이 진하여 죽어 자기 열조에게로 돌아가매』(창세기 25:7~8)

라고 기록되어 있습니다. 하나님께서는 아브라함에게 장수의 축복을 주셨던 것입니다.

내가 이번에 시드니에 가니까 2년 전 그곳에서 가

진 성회 때 불치의 병에서 고침을 받은 30여 명이 2년이 지난 오늘날에도 건강하다면서 내게 인사를 왔습니다.

그 중에 가장 인상이 깊었던 사람은 당컨 목사님과 그의 따님입니다. 당컨 목사님은 시드니의 유명한 목사이십니다. 내가 그곳에 갔을 때만 해도 목사님은 심장마비를 일으켜 의사들이 그 해를 넘기기 어려울 것이라고 했습니다.

그런데 내가 인도하는 성회 마지막 날 그 목사님이 힘겹게 참석했습니다. 성회 도중 하나님께서 당컨 목사님의 생명을 연장시켜 주겠다는 계시를 주셨습니다. 그래서 대중들 앞에서 당컨 목사님을 일어나게 하고

「하나님께서 목사님의 심장을 고쳐 주셔서 이제 새롭게 될 것입니다」

하고 말씀드렸습니다.

마침 그 자리에는 그의 따님도 참석하고 있었는데 그분도 유방암으로 몇 개월밖에 더 못산다는 사형선고를 받고 있었습니다. 하나님께서는 유방암도

깨끗이 고침받았다고 말씀해 주셨습니다.

나는 하나님께서 계시해 주신대로 그에게로 유방암이 나았다고 말하고는 이튿날 그곳을 떠났습니다.

금번에 갔을 때 그들을 만나 들은 얘기로 당컨 목사님은 그때 즉시 완전히 건강을 회복하여 남 아프리카에 가서 부흥집회까지 하고 오셨다고 합니다. 따님도 아주 건강한 모습으로 나를 찾아 왔었습니다. 내가 그곳에 가기 직전 두 사람 다 병원에서 건강진단을 받았는데 모두 깨끗하다는 것이었습니다.

어떻게 하여 이와 같은 일이 일어날 수 있었을까요? 예수 그리스도를 믿음으로 말미암아 저주에서 속량을 얻고 아브라함의 자손이 되어 장수와 건강의 축복을 받게 되었기 때문입니다.

오늘 하나님께서는 여러분들이 주님 안에 들어와 올바른 신앙을 가지고 하나님께서 주시고자 하는 축복을 받아 누리기를 원하십니다. 그러나 아무리 주님께서 십자가에 달리심으로 말미암아 여러분을 저주에서 속량해 주시고 아브라함의 자손이 되게 하여 그의 유업을 주셔도 여러분이 믿음으로 그것을 구하지 아니하면 하나님께서 허락하신 축복을 받을 수 없습니다.

그렇기 때문에 성경은 이것을 여러분에게 가르쳐 주고 있으며 저도 그 진리를 여러분에게 말씀드리는 것입니다.

『진리를 알지니 진리가 너희를 자유케 하리라』(요한복음 8:32)

우리는 진리를 깨닫고 믿음으로 주님께 구하여 하나님께서 허락하신 축복을 받아야겠습니다.

생활을 창대케 한 축복

아브라함이 믿은 축복에는 또한 생활을 창대케 한 축복이 있습니다.

『아브라함이 나이 많아 늙었고 여호와께서 그의 범사에 복을 주셨더라』(창세기 24:1)

성경에 보면 하나님께서 아브라함에게 복의 근원이 될 것이라고 했습니다. 그러므로 예수 그리스도를 믿음으로 아브라함의 유업을 받게 된 우리들은 생활에서 크게 축복을 받아 다른 사람에게도 나눠 줄 수 있어야겠습니다.

하나님의 자녀가 다른 사람에게 구걸이나 하며 다니고 피투성이가 되거나 멸시와 천대와 지탄을 받으면 하나님께 수치와 모욕이 됩니다.

여러분과 나는 그리스도 예수 안에서 아브라함의 후손이므로 그의 유업을 받을 수 있습니다. 우리는 그 유업을 받기 위해 믿음으로 구하고 그것을 받아 누려야겠습니다.

하나님께서 아브라함에게 주신 축복은 택하심을 받는 축복, 장수와 건강의 축복, 생활을 창대케 하는 축복입니다.

예수 그리스도를 믿어 아브라함의 자손이 된 우리들은 아브라함의 유업을 받는 축복 위에 성령을 선물로 받게 되었습니다.

아브라함이 살았을 당시에는 예수님이 십자가에 못박혀 돌아가시지 않았기 때문에 성령세례를 받을 수 없었습니다. 그러나 오늘날 우리들은 예수님께서 십자가에 돌아가셨다가 부활하심으로 하나님의 자녀가 되었기 때문에 성령세례까지 받게 된 것입니다. 이러므로 우리는 아브라함보다 더 많은 축복을 받게 된 것입니다.

CHAPTER 04

결 론

　예수님의 구원은 우리들이 단순하게 생각하는 것보다 훨씬 더 넓고도 깊습니다.

　그 구원은 우리의 영혼에 영향을 미치고, 육체에 미치며, 모든 생활환경에 미치는 한없는 은혜입니다.

　그러나 이것이 우리의 것이 되기 위해서는 먼저 그 진리를 알아야 합니다.

　예수님이 십자가에 달리심으로 우리에게 어떤 축복이 주어지는가를 알아야 합니다. 우리가 어떻게 하여 율법의 저주에서 속량되었는가를 알아야 합니다.

 그리고 그 사실을 믿음으로 받아들여야겠습니다. 한 귀로 듣고, 한 귀로 흘려 버린다면 아무 소용이 없습니다.

 우리가 진리를 듣고 깨달았으면 그것을 믿음으로 받아들여 내 것으로 소화시켜야만 합니다.

 나아가 우리는 내 것으로 받아들인 진리를 좇아 생각과 보는 것과 듣는 것과 말하는 것과 걸음걸이를 변화시켜야만 되는 것입니다. 하나님의 진리의 말씀이 우리 속에 들어오면 그것으로 우리 인격 전체를 변화시킴으로써 변화된 생각을 가지고 변화된 눈으로 모든 것을 바라보며, 변화된 말을 하고, 변화된 행동을 해야 합니다. 그리하여 없는 것을 있는 것 같이 부르시는 하나님과 동행할 수 있어야 됩니다.

 하나님께서는 아브라함을 이와 같이 변화시키기 위하여 그에게 꿈을 주었고, 환상을 주었으며, 이름까지도 바꾸어 주셨습니다.

 여러분들이 하나님의 말씀을 듣고 말씀에 접붙임

되어서 말씀을 통하여 변화가 다가올 때 하나님의 성령께서 예수 그리스도의 구원을 여러분의 생활 속에 실현시켜 주십니다. 하나님의 성령께서는 이같은 역사를 하시기 위해 지금도 우리 가운데 와 계십니다.

하나님께서는 옛날 아담과 하와에게 복을 주셨던 것과 같이 오늘날 여러분에게도 예수 그리스도를 통하여 복 주시기를 원하고 계십니다.

그러나 우리가 그 복을 누리기 위해서는 우리 모두가 다 예수 그리스도의 십자가 밑에 와서 아담의 저주, 성경 신명기 28장에 기록된 율법의 저주에서 우리를 속량하신 예수님의 발 앞에 엎드려 우리의 영과 마음과 몸과 생활을 모두 내어 놓아야만 합니다. 그리할 때 예수 그리스도의 은혜로 말미암아 율법의 저주에서 우리를 속량하신 하나님의 은총을 받고 아브라함에게 내려주신 축복을 받아 누릴 수 있습니다.

우리가 예수 그리스도를 믿을 때 질병의 저주, 가난의 저주, 낭패의 저주, 이방인의 압제의 저주, 죽음의 저주에서 속량될 뿐만 아니라 하나님의 택하심을 받는 축복, 장수와 건강의 축복, 생활을 창대케 하는 축복을 아울러 받고, 더욱 넘치는 축복으로 성령을 선물로 받게 되는 것입니다. 그러므로 우리는 모두 예수 그리스도를 믿음으로 옛날 저주받은 아담의 후예가 아닌, 아브라함의 자손으로서 가슴을 펴고 고개를 들고 하나님을 찬미하며 새로운 생각과 말과 행동으로 승리의 행진을 해야 될 것입니다.

PART 2

보이는 믿음과 **입술의 고백**

『내 형제들아 만일 사람이 믿음이 있노라 하고 행함이 없으면 무슨 이익이 있으리요 그 믿음이 능히 자기를 구원하겠느냐 만일 형제나 자매가 헐벗고 일용할 양식이 없는데 너희 중에 누구든지 그에게 이르되 평안히 가라, 더웁게 하라, 배부르게 하라 하며 그 몸에 쓸 것을 주지 아니하면 무슨 이익이 있으리요 이와 같이 행함이 없는 믿음은 그 자체가 죽은 것이라 혹이 가로되 너는 믿음이 있고 나는 행함이 있으니 행함이 없는 네 믿음을 내게 보이라 나는 행함으로 내 믿음을 네게 보이리라 네가 하나님은 한 분이신 줄을 믿느냐 잘하는도다 귀신들도 믿고 떠느니라 아아 허탄한 사람아 행함이 없는 믿음이 헛 것인 줄을 알고자 하느냐』

(야고보서 2:14~20)

제2장

보이는 믿음과 입술의 고백

　　　　　믿음에 관한 가장 큰 어려움은 믿음을 구체적으로 나타내 보일 수 없다는데 있습니다.
「자네 돈 가지고 있나?」
「그럼」
「돈을 좀 보여 주게나」
　돈을 가진 사람이라면 누구나 주머니에서 쉽게 돈을 꺼내어 보여 줄 수 있습니다.
「신분증을 가지고 있습니까?」
「예」
「그것 좀 보여 주십시오」

이때 상대방에게 쉽사리 신분증을 보여 줄 수 있습니다.

그러나,

「자네 믿음이 있나?」

「있네」

「그러면 그 믿음을 한 번 보여 주게나」

이런 경우가 되면 입장이 퍽 난처하게 됩니다. 왜냐하면 믿음이란 눈에 보이지 않기 때문입니다. 그러므로 믿음을 다른 사람에게 내 보여 줄 수 없다는 데에 애로점이 있습니다.

그럼에도 불구하고 성경에는 하나님께서 각 사람에게 분량대로 믿음을 주셨다고 기록하고 있습니다. 그렇기 때문에 예수님을 구주로 모신 사람은 누구나 다 믿을 수 있는 능력을 그 속에 받아서 간직하고 있습니다.

그런데 그 믿음이 외부적 행위로 눈에 보이게 나타날 때에만 살아있는 믿음이 됩니다. 그리고 살아있는 믿음을 통해서만 하나님께서 역사하십니다. 하나님께서는 잠자는 믿음, 속에 감추어진 믿음에는 역사하시지 않습니다.

성경 야고보서 2장 14~20절에 보면 비유로 말씀하셔서 형제나 자매가 헐벗고 일용할 양식이 없는데 그 사람들을 보고 말로만 「평안히 가라, 더웁게 하라, 배 부르게 하라」 하고 실제적인 도움을 베풀지 아니하면 그 말은 헛된 말에 불과한 것처럼, 「행함이 없는 믿음은 그 자체가 죽은 것이라」고 선언하고 있습니다.

그러므로 나는 살아서 역사하는 믿음은 구체적으로 나타나 보이는 믿음이라는 것을 말씀해 드리겠습니다.

하나님은 오직 보이는 믿음 위에 그 능력을 나타내십니다. 보이는 믿음의 첫 요건은 믿음을 가졌으면 그 믿음을 공개적으로 눈에 보이도록, 귀에 들리도록, 입으로 선포하는데 있습니다. 이 말씀을 읽으신 여러분 가운데 「믿음은 내 속에 혼자 고이 간직하면 되었지 그것을 나팔불고 다녀야 된단 말인가, 그것은 교만이 아닌가?」

하고 반문하실 분이 계실지 모르겠습니다. 그러나

성도 여러분, 속에 있는 믿음은 가능성을 가진 믿음이지, 능력을 나타내는 믿음은 아닌 것입니다. 여러분 속에 있는 믿음이 여러분의 입술을 통하여 밖으로 나타날 때, 비로소 여러분의 믿음은 들리는 믿음이 되고, 보이는 믿음이 되고, 산 믿음이 됩니다. 하나님께서는 그 산 믿음을 통해 능력을 베풀어 주시는 것입니다. 나는 이에 대해 성서적 증거를 여러분에게 제시해 드리고자 합니다.

CHAPTER 01

예수님께서 들으시고
기이히 여기신 믿음

백부장의 믿음

성경 누가복음 7장 7~8절에 보면 이런 말씀이 기록되어 있습니다.

『그러므로 내가 주께 나아가기도 감당치 못할 줄을 알았나이다. 말씀만 하사 내 하인을 낫게 하소서 저도 남의 수하에 든 사람이요 제 아래에도 군병이 있으니 이더러 가라 하면 가고 저더러 오라 하면 오고 제 종더러 이것을 하라 하면 하나이다』

이것은 로마의 백부장이 예수님께 그의 믿음을 피

력한 것입니다. 로마의 백부장은 유대인이 아닙니다. 그리고 유대교를 믿는 사람도 아닙니다. 그는 로마에서 파송되어온 유대에 주둔하고 있는 부대의 백부장입니다.

이 백부장이 예수 그리스도의 행적을 살펴보고 그리스도에 대한 믿음을 속에 가지고 있었습니다. 백부장이 속에 믿음을 가지고 있는 사실을 아무도 몰랐습니다. 그의 부하는 물론 유대인들도 몰랐습니다. 그러나 백부장은 그 속에 예수 그리스도에 대한 흔들리지 않는 믿음을 가지고 있었습니다.

그런데 백부장의 사랑하는 종이 심한 병에 걸려 거의 죽게 되었습니다. 그때 백부장은 예수님께서 그 근처에 오신다는 소문을 듣게 되었습니다. 백부장은 유대인 장로 몇 분을 초청하여

「당신들이 예수님께 부탁을 드려서 내 하인을 낫게 해주십시오」

하고 간청했습니다. 유대인 장로들은 예수님께로 나아가 백부장의 간청을 전했습니다. 그리고 백부장은 비록 로마 사람이기는 하나 마음이 착하고, 유

대인들을 위해 회당 짓는데도 도와 주었으며 유대인들을 사랑한다면서 예수님께서 꼭 그의 청을 들어 주셔야 된다는 말씀을 드렸습니다.

그 말을 들으신 예수님께서 「그러면 내가 가서 고쳐주지」라고 하시면서 백부장이 있는 곳으로 향했습니다. 그런데 도중에 백부장이 보낸 그의 친구들을 만나 다음과 같은 백부장의 말을 듣게 되었습니다.

「저는 주님 앞에 나갈 자격이 없고 주님을 맞아들일 자격도 없습니다. 주님의 말씀 한 마디로 저의 종의 병을 낫게 해 주옵소서. 저도 남의 수하에 있고 저의 밑에도 군사가 있습니다. 제가 그들에게 '가라' 하면 그들이 가고, '오라' 하면 오며, 제 종에게 '이것 하라' 하면 그대로 합니다」

예수님께서는 이 말을 들으시고 크게 놀랐다고 했습니다. 성경 누가복음 7장 9~10절에 보면 이렇게 기록되어 있습니다.

『예수께서 들으시고 저를 기이히 여겨 돌이키사 좇는 무리에게 이르시되 내가 너희에게 이르노니 이스라엘 중에서도 이만한 믿음은 만나보지 못하였노라 하시더라 보내었던 사람들이 집으로 돌아가 보매 종이 이미 강건하여졌더라』

예수님께서 무엇을 보고 이스라엘 백성들 중에서도 백부장의 믿음만한 믿음을 찾아보지 못하였다고 하셨습니까? 백부장이 믿음을 가진 증거가 어디에 있었습니까? 백부장이 입술로 믿음에 대한 고백을 하였을 때 성경은 말씀하시기를 「예수께서 들으시고 저를 기이히 여기셨다」고 하였습니다.

아브라함의 신앙고백

오늘날도 예수님은 여러분의 기도를 들으십니다. 여러분의 신앙고백을 들으십니다. 여러분이 눈에 아무 증거 안 보이고 귀에 아무 소리 안 들리고 손에 잡히는 것 없을지라도, 성경에 기록된 말씀을 백부장처럼 입으로 시인하고 고백을 하면 오늘날도 예수님은 여러분의 그와 같은 믿음을 들으시고 기이히 여기십니다.

육체적인 사람은 감각의 지배를 받아서 눈에 보이고, 귀에 들리며, 코로 냄새 맡고, 손으로 만져서 확인할 수 있는 것 이외에는 믿지 않고, 고백도 하지 않습니다. 이성적인 사람은 인간의 이성으로 생각하여 가능한 일만 믿고 시인을 합니다. 그렇지 않는 일은 믿지도 않을 뿐더러 고백하는 일도 없습니다.

그러나 신령한 사람은 눈에 안 보이고, 귀에 안 들리며, 손에 잡히는 것 없고 인간의 이성으로 불가능한 일일지라도 하나님의 약속의 말씀이 있으면, 그 말씀을 믿음으로 받아들이고 하나님 앞에서, 원수 앞에서, 교회 앞에서 고백합니다. 그럴 때에 예수님은 그 믿음을 들으시고 기이히 여기시는 것입니다.

주님께서 말씀하시기를 유대인들이 하나님을 믿노라 하지만 그들 가운데 백부장만한 믿음은 발견하지 못했다고 했습니다. 왜 그러한 말씀을 하셨을까요? 유대인들에게는 고백적인 신앙이 없었기 때문이었습니다.

「예수님은 하나님의 아들이요, 천지 만물이 그의 권세 하에 있기 때문에 군대에서 상관이 졸병에게 명령하면 졸병이 그 명령에 따르고 종이 주인의 말에 복종하듯 주님 말씀 한 마디면 종의 병이 나으므로 말씀 한 마디만 하옵소서」

라는 단호한 백부장의 신앙고백이 예수님을 크게 기쁘게 하였고, 주님께서 그 신앙고백을 통해서 기적을 베푸셨던 것입니다.

예배드리는 날 교회에 빠지지 않고 출석하고, 기도도 많이 하고, 성경을 열심히 읽는데도 불구하고 환경 가운데 하나님의 위대한 능력이 나타나지 않아 고민하는 사람이 적지 않을 것입니다. 그 까닭이 어디에 있는 줄 아십니까? 여러분이 입으로 고백하는 믿음, 다시 말씀드리면 눈에 보이는 믿음을 나타내지 않기 때문입니다. 여러분 속에 열심을 가지고 있고, 뜨거운 믿음을 가졌다고 할지라도 하나님 앞과 사람 앞에서 입술로 고백하는 고백적인 행동이 부족했기 때문에 하나님께서 역사하실 수 없었던 것입니다.

구약성경에도 보면 하나님께서 100세 된 아브라함과 90세 된 사라를 도와주실 때에도 그냥 도와주시지는 않았습니다. 하나님께서 그들에게 아들이 있겠다고 말씀하셨을 때 아브라함도 웃었고 사라도 비웃었습니다. 그들은 하나님의 말씀을 믿음으로 받아들이지 않았습니다. 그때 아브라함의 나이는 100세요, 사라의 나이 90세입니다. 인간적인 이성과 생각으로는 아브라함과 사라 사이에 아들이 있을 수 없습니다. 그래서 그들은 믿지 않았습니다.

그때 하나님께서 아브라함과 사라에게 아들을 주시기 위해 비상작전을 쓰셨습니다. 하나님께서는 아브라함에게 바라봄의 법칙을 가르쳐 주셨습니다. 밤중에 아브라함을 밖으로 불러내신 하나님께서는 그에게 하늘의 별들을 헤아리게 하셨습니다. 그리고 그 별들의 모습을 통하여 아브라함의 가슴에 자손의 영상을 그리게 함으로써 그의 생각을 바꾸어 놓으셨습니다. 아브라함의 바꾸어진 생각을 통하여 그의 마음 속에 믿음이 들어오자 하나님께서는 아브라함과 사라에게 속에 있는 믿음을 고백하게 하여 살아있는 믿음이 되게 했습니다. 입술로 고백하지 않는 믿음은 죽은 믿음입니다. 입으로 시인하지 않는 믿음은 잠자는 믿음입니다. 속에만 있지, 밖으로 나타난 믿음은 아닌 것입니다.

그래서 하나님께서는 강제로 아브라함과 사라에게 믿음을 고백하게 하여 들리는 믿음, 밖으로 나타난 믿음, 눈에 보이는 믿음으로 만들어서 그 믿음에 역사하기 위해서 그들의 이름을 바꾸었습니다. 아브람은 「아브라함(많은 민족의 조상)」으로, 사래는 「사라(여주인)」로 바꾸고 바뀌진 이름으로 부르게 했습니다. 아브라함과 사라는 새 이름으로 서로를 불렀습니다.

「아브라함!」

「사라!」

이들이 각각 「아브라함, 사라」 하고 불러 그들의 믿음을 고백했습니다. 이것을 들은 이성적인 사람은 손가락질하였고, 감각적인 사람은 비웃었습니다. 그러나 그들은 말씀 위에 서서 믿음을 입으로 시인하여, 속에 있는 믿음을 밖으로 나타나게 했습니다. 그 고백을 하나님이 들으셨습니다. 마귀도 들었습니다. 불신앙의 사람들도 들었습니다. 그들의 입으로 믿음을 고백하여 나타난 믿음이 되게 하자 하나님께서는 고백된 믿음 위에 하나님의 성령을 부어 주셨습니다. 그들은 1년이 지난 후 아들 이삭을 얻게 되었던 것입니다.

수로보니게 여인의 신앙고백

오늘 우리들에게는 고백적 신앙이 부족합니다. 성경 말씀 가운데 보면 고백적 신앙으로 말미암아 하나님의 역사가 임한 또 한 가지 예가 있습니다. 성경 마가복음 7장 27~30절에 보면 수로보니게 여인의 신앙고백이 기록되어 있습니다.

예수님께서 두로와 시돈 지방에 갔었을 때 헬라 사람인 수로보니게 여인이 뛰어와서 외쳤습니다.

「다윗의 자손이여 불쌍히 여기소서」

예수님은 그 말을 들은 척도 않으셨습니다. 그러자 여인이 계속 고함치며 따라오니까 제자들이 주님께 말씀드렸습니다.

「주님, 저 여인이 소란을 피우니 고쳐주시고 돌려

보내소서」

그때 예수님께서

「나는 이스라엘의 잃어버린 양들 이외에는 보냄을 받지 않았다」

고 말씀하셨습니다. 그러자 여인이 예수님 앞에 나아와

「주님, 제 딸이 무섭게 귀신들렸습니다. 도와주시옵소서」

라고 말씀드리자 주님께서 정색을 하시며 여인에게 말씀하셨습니다.

「자녀에게 줄 떡을 취하여 개들에게 줄 수 없다」

그 말을 들은 여인은 애원하는 눈으로 예수님을 바라보며 말했습니다.

「옳소이다마는 상 아래 개들도 아이들의 먹던 부스러기를 먹나이다」

이 말을 들은 예수님은 어떻게 하셨습니까? 그 장면을 성경은 이렇게 기록하고 있습니다.

『예수께서 이르시되 자녀로 먼저 배불리 먹게 할지니 자녀의 떡을 취하여 개들에게 던짐이 마땅치 아니하니라 여자가 대답하여 이르되 주여 옳소이다마는 상 아래 개들도 아이들이 먹던 부스러기를 먹나이다 예수께서 가라사대 이 말을 하였으니 돌아가라 귀신이 네 딸에게서 나갔느니라 하시매 여자가 집에 돌아가 본즉 아이가 침상에 누웠고 귀신이 나갔더라」(마가복음 7:27~30)

여기에 주님께서 뭐라고 말씀하셨습니까? 여자가 많이 부르짖었기 때문에 응답받았다고 하셨습니까? 여자가 고집을 부렸기 때문에 응답받았다고 하였습니까? 아닙니다. 그 여인의 가슴 속에 있는 믿음을 입으로 고백하여 보이는 믿음이 되게 하였기 때문에 기도응답을 받게 된 것입니다. 예수님께서 분명히 이같이 말씀하셨습니다.

『이 말을 하였으니 돌아가라』

그러므로 여러분과 나의 입술을 통해 나오는 말이 하나님의 행동을 규제하게 되는 것입니다. 성경 마태복음 16장 19절에 이런 말씀이 기록되어 있습니다.

『네가 땅에서 무엇이든지 매면 하늘에서도 매일

것이요 네가 땅에서 무엇이든지 풀면 하늘에서도 풀리리라』

여러분이 땅에서 매고 푸는 것은 여러분의 신앙고백으로 말미암습니다. 백부장이 입으로 시인하여 예수 그리스도의 권능을 풀어 놓을 수 있었습니다. 수로보니게 여인의 입에서 나온 말이 주님의 권세를 풀어놓았습니다.

여러분의 말은 하나님의 권세와 능력을 풀어놓기도 하고 매기도 하는 것입니다. 여러분의 부정적인 말은 하나님의 권능과 역사를 묶어 놓고 얼어붙게 만들며 마귀의 역사를 풀어놓게 하나, 여러분이 하나님의 약속의 말씀을 믿고 입으로 시인할 때 그 신앙고백을 통하여 하나님의 권세와 능력을 풀어놓게 되는 것입니다.

이러므로 여러분은 속에 감추인 믿음을 가지고 왈가왈부하지 마십시다. 여러분의 입술로 신앙고백을 하여 여러분 속에 있는 믿음을 밖으로 나타내 보이게 하십시다. 오직 보이고 나타난 믿음만이 참 믿음입니다. 속에 태산과 같은 믿음은 가졌을지라도 그것은 가능성 있는 믿음에 불과하고 살아서 기적을 가져오는 믿음이 될 수 없기 때문입니다.

CHAPTER 02

구원받는 믿음과 고백

마음에 믿고 입으로 시인하는 믿음

 많은 성도들이 내게 와서 이런 말을 합니다.
「목사님, 안수 기도해 주셔서 제가 구원받았는지 안 받았는지를 가르쳐 주십시오」
 교회에 다닌지 상당히 오래된 사람도 이러한 말을 합니다. 내가 많은 교회에 다니면서 부흥성회를 인도할 때
「이 시간 죽으면 천당 갈 자신 있는 사람 손 드시오」
하면 대부분, 성도의 삼분의 일만 손을 듭니다.

권사님과 장로님 중에도
「천당 갈 자신이 있습니까?」
라는 질문을 받으면
「글쎄요, 죽어 봐야 알겠지요」
라고 대답하는 사람을 많이 볼 수 있습니다. 왜 그러한 대답을 할까요? 그들은 신앙이 무엇인지 잘 알지 못하기 때문입니다. 그들은 신앙이란 속에 감추어진 것으로 밖으로는 신앙이 있는지 없는지 알 수 없고 죽어야만 알 수 있다고 생각하고 있기 때문입니다. 여러분, 신앙이란 속에 감추어진 것이 아니라 눈에 보이는 것입니다. 예수님께서 여러분과 나를 구원하실 때에도 눈에 보이는 신앙으로 구원하십니다. 성경에 보면 이렇게 기록되어 있습니다.

『네가 만일 네 입으로 예수를 주로 시인하며 또 하나님께서 그를 죽은 자 가운데서 살리신 것을 네 마음에 믿으면 구원을 받으리라 사람이 마음으로 믿어 의에 이르고 입으로 시인하여 구원에 이르느니라』(로마서 10:9~10)

그러므로 구원에 이르는 믿음이 있느냐, 없느냐,

내가 구원을 받았느냐, 안 받았느냐는 각자의 입에서 나오는 말을 들어보면 알 수 있습니다. 자기 입에서

「예수님은 나를 위해 돌아가시고, 나를 위하여 장사지낸 바 되고, 나를 위하여 부활 승천하셨으므로 나의 구주가 되신다」

라고 고백을 하면 구원받은 믿음이 입술을 통하여 밖으로 나타났기 때문에 구원받은 것입니다. 하나님께서는 밖에 나타난 믿음을 보고 구원해 주십니다.

그러나 속으로 성경 66권을 다 믿고, 속으로 아무리 하나님을 찬미하더라도 구원을 입으로 시인하지 않으면, 그는 구원받을 자격은 구비되었고 구원얻을 후보생은 되었어도 아직 구원은 받지 못한 것입니다.

하나님의 역사는 보이는 믿음 위에 나타나는 것이므로 여러분이 입으로 구원을 선언하기 전에는 구원이 오지 않기 때문입니다. 교회에 왔다 갔다 하면서 입술로 예수님을 구주로 시인하지 않는 사람이

있는데 이러한 사람들은 구원받을 가능성만 가지고 있다가 그대로 지옥으로 떨어질 수 밖에 없습니다.

그렇지만 예수를 전혀 모르는 사람이라도 지금 이 글을 읽으시는 순간 하나님 말씀으로 마음에 깨우침을 받고 구원받아야겠다는 생각으로

「예수님께서 저를 위해 십자가에 달리시고 부활하신 것을 믿습니다. 주님을 저의 구주로 모셔들입니다. 예수 그리스도는 저의 구주십니다」

라고 고백을 하면 여러분 속에 있는 믿음이 밖으로 보여진 믿음이 되어 그 믿음 위에 성령이 역사하셔서 구원 받게 되는 것입니다. 내가 예배 때마다 언제나 예수 믿기로 작정한 사람을 일으켜 세워 입으로 신앙고백하게 하는 이유가 바로 여기에 있는 것입니다.

산 믿음의 표시 - 전도

오늘날 전도는 바로 산 믿음의 표시입니다. 여러분들이 직장동료에게 전도하고, 이웃에게 전도하

고, 가족에게 전도하고 친지들에게 예수믿고 구원 받으라고 전도하는 것은 곧 여러분의 믿음을 산 믿음으로 보여주는 것입니다. 다른 사람에게 예수 믿고 구원받으라고 전도하는 것은 자신이 살아있는 믿음을 가지고 있고, 구원받았음을 하나님과 마귀와 세상 앞에서 과시하는 것이 됩니다. 그러므로 전도하는 사람치고 천당 가지 못할 사람은 한 사람도 없습니다. 전도하는 사람치고 구원 못 받을 사람 한 명도 없습니다. 전도하는 사람치고 지옥 갈 사람 한 사람도 없습니다.

여러분이 구원에 대한 확신을 가지려면 전도로써 믿음을 나타내십시오. 구원에 대한 확실한 증거를 나타내는 길은 끊임없이 전도하는 것입니다. 여러분이 전도를 하면 그것은 밖으로 나타난 산 믿음이 될 뿐만 아니라 구원의 확신이 내 스스로에게까지도 명확해집니다.

『주라 그리하면 너희에게 줄 것이니 곧 후히 되어 누르고 흔들어 넘치도록 하여 너희에게 안겨 주리라 너희의 헤아리는 그 헤아림으로 너희의 헤아림

을 도로 받을 것이니라.」(누가복음 6:38)
는 말씀대로 남에게 전도하면 전도할수록 그것이 나의 산 믿음이 되어서 내게 하늘나라의 소망이 더욱 풍성해지고 하나님의 영광이 가득하게 되는 것입니다.

CHAPTER 03

신앙고백의 대제사장

대제사장 예수

예수 그리스도는 신앙고백의 대제사장입니다. 성경 히브리서 4장 14~16절에 보면 다음과 같이 말씀하고 있습니다.

『그러므로 우리에게 큰 대제사장이 있으니 승천하신 자 곧 하나님의 아들 예수시라 우리가 믿는 도리를 굳게 잡을 지어다 우리에게 있는 대제사장은 우리 연약함을 체휼하지 아니하는 자가 아니요 모든 일에 우리와 한결 같이 시험을 받으신 자로되 죄는 없으시니라 그러므로 우리가 긍휼하심을 받고 때를 따라 돕는 은혜를 얻기 위하여 은혜의 보좌 앞에 담대히 나아갈 것이니라」

우리에게는 대제사장이 있습니다. 대제사장은 하나님 편에 서서 우리를 축복해 주시고, 또 사람 편에 서서 하나님께 우리를 위해 기도해 주시는 우리의 중보자를 말합니다. 예수님이야말로 이러한 분이십니다. 왜냐하면 예수님께서

「내가 곧 길이요 진리요 생명이니 나로 말미암지 않고는 내 아버지께로 올 자가 없느니라」(요한복음 14:6)

고 하셨고, 주님은 우리를 위해 자신을 내어주셨기 때문입니다. 그러므로 성경에

「그러므로 우리에게 큰 대제사장이 있으니 승천하신 자 곧 하나님의 아들 예수시라 우리가 믿는 도리를 굳게 잡을지어다」(히브리서 4:14)

라고 말씀하셨던 것입니다.

성경에 「우리가 믿는 도리를 굳게 잡을지어다」라고 기록되어 있는데 「믿는 도리」란 무엇을 말하는

것일까요? 「믿는 도리」를 헬라 원어로 「카라토멘 테스 호몰로기야」라 합니다. 이것을 다시 영어로 번역하면 「Let us hold the confession」입니다. 「카라토멘」은 「힘차게 부여 잡으라」는 뜻이고, 「호몰로기야」는 입술로 신앙고백하는 것을 말합니다. 그러므로 「카라토멘 테스 호몰로기야」는 「입술로써 신앙고백하는 것을 힘차게 부여 잡으라」는 뜻입니다. 우리가 입술로 신앙고백하는 것을 힘차게 부여잡고 있으면 주님께서 우리의 대제사장이 되셔서 우리를 위해 일해 주신다고 말씀하고 있습니다.

믿는 도리를 굳게 잡자

주님께서는 오늘날 영을 구원하는 대제사장으로서, 병을 고쳐주는 대제사장으로서, 저주를 옮겨 주시는 대제사장으로서, 귀신을 쫓아내어 주시는 대제사장으로서 일하기를 원하십니다.

주님께서 대제사장이 되셔서 우리를 위해 일하시도록 하려면 우리의 믿는 도리, 즉 입술로 신앙의 고백을 힘차게 부여잡아야 합니다. 온 세상 사람이 다 손가락질하고 미쳤다고 말할지라도 요동치 아니하고 우리의 믿는 도리를 굳게 잡으면 그를 통해 하나님께서 역사해 주시는 것입니다. 병이 든 사람은 의사가 사형선고를 내렸어도

「예수님이 채찍에 맞음으로 나는 고침을 받았다. 예수님이 친히 우리의 연약한 것을 담당하셨으므로 의사가 뭐라고 하든 나는 깨끗하게 나았다」

라고 믿는 도리를 입술의 말로써 힘차게 부여잡고 있으면 하나님의 아들 예수께서 역사하셔서 병고침을 받게 되는 것입니다.

오늘날 마귀는 우리로 하여금 입술로 힘차게 신앙고백하는 것을 방해하기 위해 끊임없이 부정적인 말을 하게 합니다. 마귀는 우리의 주위에 와서 이렇게 속살거립니다.

「봐라, 기도를 받아도 아무 소용이 없지 않으냐. 기도를 해도 효과가 없잖냐. 포기해라. 기도하니 오히려 형편이 나빠지고 있지 않니. 안 된다고 해」

여러분과 나는 환경에 따라 말을 하는 사람들이

아닙니다. 여러분과 나는 입술의 신앙고백을 통해서 우리의 환경을 변화시켜 나가는 사람들입니다. 우리 속담에 이런 말이 있습니다.

「천리 길도 한 걸음부터」

「첫 술에 배 부르랴」

여러분들이 한 번 고백한 것으로 그칠 것이 아니라 고백하고 또 고백하기를 일주일을 하고, 한 달을 하고, 일 년을 혹은 그 이상 하여 어떠한 환경에 처하더라도 우리 입술의 신앙고백을 굽히지 말고 힘차게 계속하면 주님께서는 그 고백을 통하여 하나님께 기도해 주시고 하나님 아버지 앞에서 우리를 위해 역사해 주셔서 여러분의 신앙고백대로 여러분의 생활에 하나님의 역사가 나타나게 해 주시는 것입니다.

많은 사람들이

「목사님, 철야도 하고 금식기도도 하나 하나님의 역사가 나타나지 않는데 그 이유가 무엇입니까?」

라고 묻습니다. 철야하고 금식기도 하는 것은 믿음을 일으키는 행위입니다. 철야하고 금식기도 해도 하나님의 역사가 나타나지 않는 것은 속으로는 뜨겁고 큰 믿음을 가지고 있으되 입으로 시인하지 않아서 살아서 움직이는 믿음을 보이지 않으므로 예수님께서 역사하실래야 하실 수 있는 재료가 없기 때문입니다. 여러분들이 입술로 신앙고백을 힘차게 부여 잡아서 주님의 손에 일하실 수 있는 재료를 얹어 드려야만 주님께서 역사하실 수 있는 것입니다.

그렇기 때문에 오늘 여러분의 생활에 신앙의 큰 성과가 없으면 여러분 자신의 입술로 받아들인 믿음을 고백하는 일이 부족했음을 깨달아 알아야 됩니다. 예수님께서는 눈에 보이는 믿음, 즉 여러분의 입술의 신앙고백을 좇아서 일을 하시는 분이십니다.

CHAPTER 04

결 론

  성경에는 눈에 보이도록 행함이 없는 신앙은 죽은 믿음이라고 할 뿐 아니라 더 나아가 마귀적 신앙이라고 까지 극히 강경한 말씀을 하고 있습니다.

  『네가 하나님은 한 분이신 줄을 믿느냐 잘하는도다 귀신들도 믿고 떠느니라』(야고보서 2:19)

  귀신들도 하나님이 한 분이심을 믿습니다. 그러나 그들은 속으로 믿고 결코 입 밖으로 시인하는 일은 없습니다. 그들은 오히려 그들 자신이 하나님이라고 거짓말을 합니다. 그리고는 두려워서 벌벌 떨고 있습니다.

속으로만 믿고 입술로 시인하지 않는 신앙은 귀신의 신앙입니다. 귀신들도 그러한 신앙을 가지고 있기 때문입니다. 오늘날 수많은 사람들이 귀신의 신앙을 가지고 있습니다. 살아있는 성도의 신앙을 가지고 있지 않은 사람이 많습니다.

살아있는 믿음은 하나님이 한 분이심을 믿을 뿐만 아니라 입술로 그 사실을 시인하고 행위로 하나님을 경배하고 순종합니다.

믿음이 속에 있는 이상 그것은 한 알의 밀알과 같습니다. 밀알은 땅에 심어질 때 수많은 열매를 맺습니다. 이처럼 믿음도 눈에 보이도록 입술로 고백하여 밖으로 나타낼 때 비로소 산 믿음이 되고 그 산 믿음 위에 하나님께서 역사하심으로 많은 열매를 맺게 되는 것입니다.

성경에는 여러분과 나를 위한 수많은 축복의 약속의 말씀이 있습니다. 우리가 이 말씀들을 믿음으로 받아들였음에도 불구하고 우리 생활환경에 나타나지 않음을 의문시합니다. 우리는 속으로만 늘 하나님의 약속의 말씀을 믿습니다. 그리고 이 믿음이 생활환경 가운데 나타난 다음에야 그것을 입으로 간증하겠다고 합니다.

여러분, 속으로 믿는 믿음은 참 믿음이 아닙니다. 귀신들도 속으로 믿음을 가지기 때문입니다. 눈에는 아무 증거 안 보이고 귀에는 아무 소리 아니 들리고 손에 잡히는 것 없고 내 앞길 칠흑같이 어두워도 여러분 속에 있는 믿음을 입술로 고백하여 힘차게 부여잡고 여러분이 시인한 믿음을 하나님이 듣고 마귀가 듣고 사람들이 듣도록 하여 밖에 나타난 믿음이 되게 할 때 그 믿음은 산 믿음이 됩니다. 그리고 그 산 믿음 위에 하나님께서 역사하십니다.

여러분들이 신앙고백을 그치지 않는 이상 하나님의 역사는 반드시 나타나고야 맙니다. 하나님의 역사가 어떤 때는 빨리 나타나기도 하고 어떤 때는 시간이 걸리기도 합니다. 여러분이 더디다고 생각하지만 하나님 편에서 보면 더디지 않습니다. 하나님께서는 빠르게도 늦게도 아니 오시고 언제나 정시(定時)에 오셔서 역사해 주십니다.

PART 3

보이는 믿음과 **행함**

『아아 허탄한 사람아 행함이 없는 믿음이 헛 것인줄 알고자 하느냐 우리 조상 아브라함이 그 아들 이삭을 제단에 드릴 때에 행함으로 의롭다 하심을 받은 것이 아니냐 네가 보거니와 믿음이 그의 행함과 함께 일하고 행함으로 믿음이 온전케 되었느니라 이에 성경에 이른 바 아브라함이 하나님을 믿으니 이것을 의로 여기셨다는 말씀이 응하였고 그는 하나님의 벗이라 칭함을 받았나니 이로 보건대 사람이 행함으로 의롭다 하심을 받고 믿음으로만 아니니라 또 이와 같이 기생 라합이 사자를 접대하여 다른 길로 나가게 할 때에 행함으로 의롭다 하심을 받은 것이 아니냐 영혼 없는 몸이 죽은 것 같이 행함이 없는 믿음은 죽은 것이니라』

(야고보서 2:20~26)

제3장

보이는 믿음과 행함

　　　　주 예수님께서는 우리가 생각할 수 있는 것보다 훨씬 더 많이 우리를 위해 일하시기를 원하십니다. 그러나 예수님은 오직 우리의 믿음을 통해서만 일을 하실 수가 있습니다.

　예수님께서 한 때 고향인 나사렛에 가셨는데 그곳 사람들은 예수님을 받아들이지 않았습니다. 그들은 예수님을 보고

「저는 요셉과 마리아의 자식이 아니냐. 그의 형제들이 이곳에 있지 아니하느냐. 그가 무엇이기에 우리를 가르친단 말이냐」

라고 말하면서 예수 그리스도를 믿지 않았던 것입니다.

그래서 성경 마가복음 6장 5~6절에 이렇게 말씀하고 있습니다.

『거기서는 아무 권능도 행하실 수 없어 다만 소수의 병인에게 안수하여 고치실 뿐이었고 저희의 믿지 않음을 이상히 여기셨더라』

주께서 전능하신 능력을 가지고 나사렛에 가셨지만 그곳 사람들이 믿지 않기 때문에 예수님이 권능을 행하실 수 없었다고 성경은 분명히 말씀하고 있습니다.

우리들은 우리들 마음 속에 감춰진 믿음을 주님 앞에 보이는 믿음으로 나타내어야만 합니다. 우리들이 믿음을 속에 가지고 있는 한 그것은 하나의 가능성으로 남아 있을 뿐 실제적으로 하나님의 권세와 능력을 나타낼 수 있는 믿음은 아니기 때문입니다. 우리들 속에 있는 믿음을 눈에 보이도록 나타낼 때 하나님께서는 그 보이는 믿음을 통해 역사하십니다.

『혹이 가로되 너는 믿음이 있고 나는 행함이 있으니 행함이 없는 네 믿음을 내게 보이라 나는 행함으로 내 믿음을 네게 보이리라 하리라』(야고보서 2:18)

하나님께서는 『네 믿음을 내게 보이라』고 요구하고 계십니다. 그러면 속에 감춰진 믿음을 나타내 보이기 위해서는 어떻게 해야 할까요? 이제 믿음을 나타내 보이기 위해서 어떻게 해야 되는지를 성경말씀을 통해서 말씀해 드리겠습니다.

CHAPTER 01

예수님께서 찾으시는 보이는 믿음

　예수님께로부터 은혜를 받은 사람마다 모두 다 자기 믿음을 보여 주었기 때문에 그 보이는 믿음에 따라서 주님께서 역사하셨습니다. 여기에 대표적인 인물 한 사람이 있는데 그 기사가 성경 마가복음 2장 1~12절에 기록되어 있습니다.

　한 중풍병 환자가 머리에서부터 발끝까지 마비되어서 꼼짝도 하지 못하고 누워만 지냈습니다. 마침 예수님께서 그가 사는 동네에 오셨다는 소문을 듣고 그의 친구들을 불렀습니다. 그는 친구들에게 부탁하여 들 것에 누워 예수님 계신 곳으로 찾아갔습니다. 그곳에 도착해 보니까 사람이 집 안에 꽉 차고 길에까지 넘쳐흘렀습니다. 인산인해입니다. 그들은 중풍병자가 누운 들 것을 들고 예수님께 가까이 가고자 사람들에게 사정을 해 보았습니다. 강제로 사람들을 밀치고 들어가 보려고도 해 보았지만 워낙 사람들이 발 들여 놓을 틈도 없이 많이 모였는지라 어림도 없는 일이었습니다.

중풍병 환자는 예수님이 그의 병을 고쳐주실 것을 마음속에 깊이 믿었습니다. 그의 친구들도 그 사실을 요동치 않고 믿었습니다. 중풍병자와 그의 친구들은 예수님 앞에 가기만 하면 중풍병이 낫는다는 확실한 믿음을 가졌지만 그것은 그들 속에 감춰진 믿음입니다. 그 믿음을 예수님 앞에 보여드려야 주님께서 역사하시지, 그렇지 않을 때는 주님께서 역사하실 수가 없었습니다.

모처럼 예수님께서 이곳에 오셨지만 중풍병 환자는 예수님 곁으로 갈 수가 없었습니다. 그래서 그들의 믿음을 나타내 보일 수 없었습니다. 그들은 낙심이 되었습니다. 포기하고 싶어졌을 것입니다. 그러나 그들은 그렇게 하지 않았습니다. 그들은 예수님 곁으로 갈 수 있는 방안을 강구하던 중 한 가지 묘안을 짜내었습니다. 그들은 예수님이 계신 집의 천정을 뚫기로 작정했던 것입니다. 유대인들의 지붕은 한 일(一)자로 편편합니다. 그들은 중풍병 환자가 누운 들 것을 지붕 위에 들고 올라가 메를 들고 지붕을 부수기 시작했습니다.

예수님께서 말씀을 증거하고 계시는데 갑자기 「쿵쿵」소리와 함께 머리 위 천정에서 흙먼지가 쏟아졌습니다. 그것을 보고 사람들은 저마다 불평을 하면서 고함을 쳤을 것입니다. 깜짝 놀란 집 주인도 밖으로 나와 「집을 망가뜨리는 사람이 누구냐? 빨리 중단하지 못하겠느냐?」고 소리를 질렀을 것입니다. 그래도 네 사람의 친구들은 꿈쩍도 하지 않고 계속 지붕을 내려쳐 들 것이 내려갈만한 구멍을 내었습니다. 방 안에서도 하늘이 훤히 보이게 되었으니 지붕이 거의 못쓰게 된 것이었습니다.

만약 그들에게 믿음이 없었더라면 그러한 행동을 하지 못했을 것입니다. 그들은 집 한 채 값은 물어

줄 각오를 하고 주저하지 않고 그들의 믿음을 행위로 옮겼던 것입니다. 뚫어진 구멍 아래에 예수님이 서 계셨습니다. 그들은 중풍병 환자가 누운 들 것 네 모퉁이에 줄을 매달아 예수님 앞에 천천히 내려놓았습니다. 어떤 일이 일어났을까요? 성경 마가복음 2장 5절에 이렇게 기록하고 있습니다.

『예수께서 저희의 믿음을 보시고 중풍병자에게 이르시되 소자야 네 죄 사함을 받았느니라 하시니』

그리고 예수님께서 중풍병자에게

『내가 네게 이르노니 일어나 네 상을 가지고 집으로 가라 하시니』(마가복음 2:11)

전신이 마비되어 움직이지도 못하던 중풍병자가 벌떡 일어나 들 것을 메고 집으로 돌아갔습니다.

많은 사람들이 평일에 우리 집, 혹은 사무실로 나를 찾아와서 기도만 받으려고 하는데 나는 그러한 사람들에게는 기도를 해 드리고 싶지가 않습니다. 왜냐하면 그렇게 기도를 해봤자 그들의 병이 좀처럼 낫지 않기 때문입니다. 그들이 주일, 혹은 수요일 예배에 참석함으로써 그들의 믿음을 보여야만 하나님의 성령께서 역사하심으로 병고침을 받게 되는 것입니다.

　중풍병자와 그의 친구들이 천정을 뚫고 들 것을 예수님 앞에 달아 내리는 믿음을 보일 때 예수님께서는 그들의 믿음을 보시고 중풍병자를 고쳐주셨습니다. 이와 같이 하나님께서는 여러분들이 행함으로 여러분들의 믿음을 보여드릴 때 역사하십니다. 이러므로 여러분의 믿음을 행함으로 나타내 보이는 믿음이 되게 하여 하나님의 역사가 일어나도록 하시기를 주님의 이름으로 축원합니다.

CHAPTER 02

하나님은 왜 아브라함을 시험하셨나

아브라함이 믿은 바, 하나님

 아브라함이 믿음의 조상이 된 원인은 그가 마음으로 하나님을 믿었을 뿐만 아니라 그의 마음에 있는 믿음을 행위로써 밖으로 보여 주었기 때문입니다. 성경 로마서 4장 17절에 다음과 같이 기록되어 있습니다.
 『기록된바 내가 너를 많은 민족의 조상으로 세웠다 하심과 같으니 그가 믿은 바 하나님은 죽은 자를 살리시며 없는 것을 있는 것 같이 부르시는 이시니라」

 아브라함은 하나님을 믿을 때 죽은 자를 살리는 기적의 하나님을 믿었습니다. 없는 것을 있는 것같이 부르시는 창조적인 하나님을 믿었습니다. 아브라함이 믿는 하나님은 기적의 하나님이요, 창조의 하나님이지만 그가

「나는 기적의 하나님을 믿습니다. 창조의 하나님을 믿습니다」

 하고 마음 속으로만 믿는 것으로 그친 것이 아니었습니다.

아브라함의 믿음을 친히 보시기를 원하신 하나님

 하나님께서는 아브라함이 기적의 하나님을 믿고 창조의 하나님을 믿는 증거를 내놓기를 원하셨습니다. 그의 믿음을 눈에 보이도록 나타내 놓기를 원하셨습니다. 그래서, 백 세에 얻은 아들이 자라 아버지를 돕고 제법 사람구실을 하는 것을 큰 기쁨으로 바라보는 아브라함에게 하루는 하나님께서 이같이

말씀하셨습니다.

「아브라함아, 네 사랑하는 아들, 독자를 모리아 산에 데리고 가서 번제로 드려라」

아브라함에게는 청천벽력과 같은 말씀입니다. 외아들 이삭을 그냥 제물로 바치라고 하셔도 기막힐 텐데 사흘길이나 되는 모리아 산까지 가서 그것도 번제로 드리라고 하셨기 때문입니다.

번제란 제물의 각을 떠서 장작물 위에 놓고 불에 태워 하나님께 드리는 제사를 말합니다.

아브라함이 그러한 시험을 받기 전까지는 「죽은 자를 살리시는 기적의 하나님을 믿습니다. 없는 것을 있는 것 같이 부르시는 하나님을 믿습니다」라고 했습니다. 사실 행동으로 실천하는 것보다 말로 하는 것은 아주 쉬운 일로써 이것은 누구라도 다 할 수 있습니다. 그런데 하나님께서 아브라함에게 말로만 할 것이 아니라 행동으로 믿음을 나타내 보이도록 시험을 하셨습니다.

「자, 네가 죽은 자를 살리며 없는 것을 있는 것같이 부르시는 하나님을 믿으니 네가 눈에 넣어도 아프지 않을 아들부터 번제물로 드려라, 네가 죽은 자를 살리며 없는 것을 있는 것 같이 부르시는 하나님을 믿는 믿음을 네 아들을 바침으로써 행위로 나타내 보여라」

여기에서 아브라함의 믿음이 가짜였으면 그는 행동으로써 옮길 수 없었을 것입니다. 그러나 아브라함의 믿음이 진짜였다면 믿음을 행동으로 옮겼을 것입니다.

믿음을 행동으로 나타내 보이도록 시험을 당한 아브라함이 어떻게 했는지 성경을 보십시오. 아브라함은 종에게 제사를 드릴 나무와 불과 칼과 나귀를 준비토록 했습니다. 종이 모든 준비를 마치자 아들과 함께 종을 데리고 길을 떠났습니다.

아브라함의 집에서 모리아 산까지 가려면 사흘이 걸립니다. 첫날, 하루 종일 길을 가다가 해가 저물 무렵 여관에 들어갔습니다. 아마 틀림없이 아들 이삭이 물을 떠다가 아버지 발을 씻겨 드렸을 것입니다. 그리고는 이부자리를 펴 드렸을 것이고, 자리에 누운 아버지에게 「아버지, 피곤하지요?」 하면서 어깨, 팔, 다리를 주물러 드렸을 것입니다. 이러한 아들을 보는 아브라함은 간장이 녹는 듯 했을 것입니다.

이것은 실제로 아프리카에서 있었던 일로 나는 이 이야기를 선교사로부터 들었습니다. 아프리카에 있는 한 추장에게 외동딸이 있었습니다. 그런데 무당이 그들 종족이 신의 축복을 받으려면 추장의 외동딸을 산 채로 땅에 묻어야 된다는 것이었습니다. 추장은 자기의 외동딸이기는 하지만 그들 종족 모두를 위하는 일이기 때문에 마다할 수가 없어서 마지못해 허락을 했습니다. 제삿날이 되자 그들 종족이 모두 모여 있는 가운데 구덩이가 파여지고 그 구덩이에 추장이 딸을 넣게 되어 있었습니다. 아버지가 구덩이에 딸을 안아 내리는데 그 딸이 추장에게

「아버지, 잠깐만 기다려요. 아버지 수염에 흙이 묻었어」

하고서 아버지 수염에 묻은 흙을 탈탈 털어내는 것이었습니다. 자기가 뻔히 죽을 줄 알면서도 아버지 수염에 묻은 흙을 털어주는 딸을 보자 추장은 그

만 구덩이 밑으로 내리던 딸을 끌어 올려서 두 팔로 가슴에 꽉 껴안고 둘러선 사람들에게

「이 딸을 잃어버리고는 난 살 수 없소. 추장직도 내 놓고 이 마을을 떠날테니 내게서 딸을 빼앗을 생각일랑 마시오」

하고는 그 길로 추장직을 내놓고 가족과 함께 다른 곳으로 옮겨 갔다고 합니다. 그러니 백 세에 낳은 외아들을 번제물로 드리게 된 아브라함의 마음은 어떠했겠습니까. 자기가 하나님께 번제물로 드려질 줄은 꿈에도 모르는 아들이 저녁에 잠자리에 들 때마다 아버지에게 온갖 시중을 드니 그의 심장이 터지는 것 같았을 것입니다.

이틀, 사흘이 지나 아브라함은 모리아 산 밑에 도착했습니다. 산 밑에서 아브라함은 종들에게 나귀와 함께 기다리라고 말했습니다. 그리고는 번제에 쓰일 나무는 이삭에게 지우고 자기는 불과 칼을 들고서 산 위로 올라갔습니다. 자기를 태울 장작인줄도 모르고 이삭은 장작을 진 채 앞장서서 산을 올라갑니다. 얼마쯤 올라가던 아들이 뒤돌아 보면서 아

버지에게

「아버지, 나무와 불은 여기 있지만 번제로 드릴 어린양은 어디 있습니까?」

하고 묻습니다. 내가 그 경우를 당했을 것 같으면 땅에 털썩 주저앉아

「하나님 아버지, 저는 한 발자국도 옮겨 놓을 수 없습니다. 차라리 저를 죽여주십시오」

하고 말했을 것입니다. 그런데 아브라함은 그 자리에서 단호하게 말했습니다.

「애야, 번제할 제물은 하나님께서 친히 예비하신단다」

산꼭대기까지 올라간 아브라함은 아들과 함께 제단을 쌓기 시작했습니다. 아들이 돌을 주워오면 아버지는 아들이 주워온 돌을 차곡차곡 쌓아서 제단을 만들었습니다. 제단이 완성되자 이때까지 인자하던 아버지가 한 번도 본 적이 없는 냉정한 얼굴로 돌변하면서 아들에게 덤벼들어서 준비한 끈으로 묶기 시작합니다. 깜짝 놀란 아들이 「아버지 왜 이러세요?」 하자,

「조용히 해, 하나님께서 너를 번제물로 드리라고 하셨어」

하고 말했습니다. 나는 그 아버지의 그 아들이라고 생각합니다. 왜냐하면 만약 이삭에게 아브라함 같은 믿음이 없었다면

「허, 영감님 미쳤구먼, 백 세에 얻은 아들이라고 금이야 옥이야 할 때는 언제고 뭐 나를 잡아 번제물로 드린다고? 노망이 들어도 보통 든게 아니군」

하면서 아버지를 밀어 버리고 손을 털면서 돌아간다면 나이 많은 아버지는 아들을 못 당해냈을 것입니다. 그러나 그 아버지의 그 아들이라.

「그래요? 그러면 좋습니다」

하면서 순순히 묶이고 나무가 얹혀 있는 위에 누웠습니다. 아브라함은 칼을 들어 아들을 노려보고 아들은 두 눈을 껌뻑이면서 아버지를 쳐다봅니다. 아브라함의 온 몸에서는 진땀이 흐르고 눈에는 눈물이 흘렀을 것입니다. 그가 칼을 높이 들고 막 아들을 내려치려고 할 때에 하늘에서 음성이 들렸습니다.

「아브라함아, 아브라함아, 네 칼을 멈춰라. 네가 네 외아들도 아끼지 아니하였으니 정말 네가 나를 사랑하는 줄을 아노라」

하나님께서는 독자까지도 아끼지 않는 아브라함에게 이같이 말씀하셨습니다.

『여호와의 사자가 하늘에서부터 두 번째 아브라함을 불러 가라사대 여호와께서 이르시기를 내가 나를 가리켜 맹세하노니 네가 이같이 행하여 네 아들 네 독자도 아끼지 아니하였은즉 내가 네게 큰 복을 주고 네 씨로 크게 번성하여 하늘의 별과 같고 바닷가의 모래와 같게 하리니 네 씨가 그 대적의 문을 얻으리라 또 네 씨로 말미암아 천하 만민이 복을 받으리니 이는 네가 나의 말을 준행하였음이니라 하셨다 하니라』(창세기 22:15~18)

아브라함이 인간으로서 받을 수 있는 최고의 복을 받을 수 있었던 것은 그가 인간으로서 보여줄 수 있는 최고의 믿음을 행함으로 보여 주었기 때문입니다.

행함이 없는 믿음은 죽은 믿음입니다.

「네게 믿음이 있느냐, 너는 행함으로 네 믿음을 내게 보여다오」

이것은 오늘날 우리를 축복해 주시기 원하시는 하나님의 외치심입니다.

CHAPTER 03

우리 자신의 믿음을 예수님께 보여드리려면

하나님의 말씀을 들어야 한다

　예수님께 우리 자신의 믿음을 보이기 위해 우리는 먼저 하나님의 말씀을 공부하고 하나님의 말씀을 들어야 합니다. 왜냐하면 우리가 하나님의 말씀을 잘 알아야 우리의 마음속에 믿음이 생기기 때문입니다. 성경 로마서 10장 17절에 보면,
　『믿음은 들음에서 나며 들음은 그리스도의 말씀으로 말미암았느니라』고 말씀하셨습니다. 우리가 믿음을 가지는 데는 근거가 있어야 합니다. 근거 없이

는 믿을 수 없습니다. 우리는 성경에 기록된 하나님의 약속을 보고 믿음을 가집니다. 그렇기 때문에 우리는 성경말씀을 공부해야 하고 주일, 수요일, 구역예배, 철야기도회 때 말씀을 들어야 합니다. 이는 모두 믿음의 근거를 얻기 위함인 것입니다.

나는 독일에 사는 에디스 자매님으로부터 좋은 간증을 들었습니다. 심장대동맥폐쇄증으로 고생하던 자매님은 내가 칼스루헤에서 부흥집회를 하고 있을 때 들것에 뉘여 참석하였다가 단번에 벌떡 일어나 다니게 되었습니다. 병이 나아서 집에 돌아간 자매님에게 마귀가 수시로 찾아왔다고 합니다. 지난날의 병 증세가 나타나 호흡이 곤란해지고 꼼짝할 수 없게 되면 그 자매님은 내게로부터 들었던 설교말씀을 상기하고 이같이 외쳤다고 합니다.

「예수님이 채찍에 맞았음으로 나는 나음을 입었다. 예수님이 나의 연약함을 친히 짊어지셨으므로 나는 건강하다. 그러므로 내게 다가온 모든 증상은 헛되고 거짓된 것이다. 나를 도적질하고 죽이려는 사탄아, 물러가라. 나는 병자가 아니다. 완쾌된 사람이다」

그 자매님은 마귀가 찾아올 때마다 이와 같이 외쳤고 그러면 사탄이 물러가고 옛날의 증세가 거짓말처럼 사라지는 것을 몇 번이나 경험했다는 것이었습니다.

여러분 마음속의 믿음이 확실한 근거를 갖지 못하면 사탄이 와서 시험할 때 쓰러지고 맙니다. 사탄은 쫓겨난 다음에도 반드시 여러분을 다시 찾아옵니다. 육신의 병뿐만 아니라 가정문제, 생활문제에도 거듭거듭 다가와서

「너는 하나님의 은총을 못 받았다. 너는 옛날과 조금도 다름이 없다」

하고 시험합니다. 이 때 여러분이 말씀 위에 굳건히 서야 마귀를 대적할 수 있습니다.

「이 거짓의 아비 원수 마귀야, 나는 하나님의 말씀을 좇아서 나음을 입었다. 하나님의 말씀을 좇아 은총을 입고 문제가 해결되었다. 다시는 네게 속아 넘어가지 않는다. 나는 이미 변화를 받아 영혼이 잘됨같이 범사에 잘되고 강건하며 생명을 얻되 풍성

하게 얻었으니 물러가라」

여러분이 말씀 위에 서서 마귀를 대적하면 마귀는 일곱 길로 쫓겨가고 맙니다.

그러므로 여러분이 성경말씀을 공부하고 교회에 와서 주의 종으로부터 말씀을 들어야만 근거가 생겨 믿음이 생기고 마귀를 대적할 수 있게 되는 것입니다.

감각과 이성의 장벽을 뚫어야 한다

다음으로 우리 자신의 믿음을 예수님께 보이기 위해서는 감각과 이성의 장벽을 뚫어야 합니다. 여러분들이 하나님 말씀을 들음으로 속에 믿음이 생깁니다. 그러나 여러분 속에 아무리 믿음이 생겨도 속에 있는 믿음은 가능성을 내포하고 있을 뿐 그것이 밖으로 나타나 보이기 전까지는 믿음으로 인정을 받을 수 없습니다.

아기를 잉태한 산모가 주민센터에 가서 뱃속에 든 아기를 가리키며 출생신고를 하려고 하면 주민센터

직원이 이렇게 말할 것입니다.

「아주머니, 해산 달이 되어 아기를 출산한 다음 출생신고를 하십시오. 뱃속의 아기는 아직 한 사람으로 인정받지를 못합니다. 그 아기가 세상 밖으로 나와야 비로소 사람으로 인정받으니 출생한 후에 오십시오」

어린 아기도 어머니의 뱃속에 있을 땐 출생신고를 할 수 없듯 믿음도 마음속에 들어있을 때는 하나님께 신고를 하지 못합니다. 그러나 그것이 행함으로 밖으로 보여지면 하나님께 신고할 수 있는 진짜 믿음이 되는 것입니다. 그 믿음을 보시고 주님께서는 「네 믿음대로 될지어다」라고 말씀하십니다.

그러므로 속에 믿음이 생기면 그것을 행동으로 밖에 내놓아야 하는데 그러려면 출산의 수고를 겪어야 합니다. 바로 감각과 이성의 장벽을 뚫어야 되는 것입니다. 예수님께서는 언제나 「의심하지 말고 믿기만 하라」「두려워하지 말고 믿기만 하라」고 말씀하셨으므로 여러분은 의심과 두려움의 장벽을 깨뜨려야 합니다. 마음속으론 믿지만 실제 행동으로 옮기려면 의심이 구름처럼 다가오고 두려움이 강물처럼 넘쳐 나옵니다. 마귀가 의심과 두려움의 장벽을 가져오기 때문입니다. 어린 아기를 가진 산모가 목숨을 건 출산의 고통을 겪듯 여러분 속에 있는 믿음을 행동으로 바깥에 나타나게 하려면 출산의 고통이 따르는 모험을 해야 합니다. 온 세상 사람이 비웃고 눈에는 아무 증거 안 보이고 귀에 아무 소리 안 들리고 손에 잡히는 것 없고 내 앞길 칠흑같이 어두워도 내 믿음대로 실천할 때 의심과 두려움을 박차고 나올 수 있게 되는 것입니다.

여러분, 나사로의 자매되는 마리아와 마르다를 보십시오. 오라버니 나사로가 죽어 무덤에 장사지내고 돌문을 닫은 지 나흘이 지났습니다. 시체에서 썩은 냄새가 날 터인데 예수님께서 마리아와 마르다에게 레마를 주셨습니다.

「네가 믿으면 영광을 본다. 돌문을 옮겨 놓아라」

마리아와 마르다는 예수님을 믿었습니다. 주님의 말씀을 믿었습니다. 그러나 그들은 믿음대로 실천할 수 없었습니다. 마르다가 예수님께 뭐라고 말씀

드린 줄 아십니까?

「주여, 죽은지가 나흘이 지나 썩은 냄새가 납니다」 하고 말했습니다. 그때 예수님께서 호령했습니다.

「마르다야, 내가 네게 말하기를 네가 믿으면 하나님의 영광을 보리라 하지 않았느냐」

마리아와 마르다가 속으로 주의 말씀을 믿었지만 그것을 행동으로 실천하는 데는 의심과 두려움의 벽을 깨뜨리는 출산의 수고를 해야 했습니다. 곁에 둘러 서 있던 유대인들은 손가락질하며 마리아와 마르다를 비웃었을 것입니다. 소리 내어 흉도 보았을 것입니다. 그래도 마리아와 마르다는 결사적으로 무덤 입구를 막고 있는 두려움과 의심의 돌을 옮김으로써 그들의 믿음을 밖으로 내보이자마자 즉시로 주님께서 그들 앞에 서서 나사로에게 외쳤습니다.

「나사로야, 나오라!」

그러나 나흘 전에 죽었던 나사로가 배를 동인 채로 살아 걸어 나왔습니다.

예수님께서는 여러분의 믿음의 기반을 필요로 합

니다. 눈에 보이는 믿음 말입니다. 그러므로 지금 이 글을 읽으시는 이 순간에 여러분의 마음속에서부터 의심과 두려움의 돌을 옮겨야 됩니다. 그와 같이 하여 여러분의 믿음이 밖으로 보이면 그 분량대로 주님께서 역사하십니다. 믿음이 강한 사람은 밖으로 내 보일 수 있는 담력도 크기 때문에 응답을 크게 받습니다. 그러나 처음 믿는 사람은 의심과 두려움으로 말미암아 큰 바위는 옮기지 못하지만 작은 돌을 옮기므로 그 분량대로 은혜를 받게 되는 것입니다.

하나님께서 능력이 없어 여러분에게 큰 응답을 못 주시는 것이 아닙니다. 하나님께서는 하늘과 땅과 그 가운데 있는 모든 것을 지으시고 여러분을 위해 얼마든지 일하시기를 원하십니다. 그렇기 때문에 성경 시편 81편 10절에

『네 입을 넓게 열라 내가 채우리라』

고 말씀하고 계십니다. 그런데 사람들마다 입을 여는 정도가 다 다릅니다. 입을 연다는 것은 믿음을 행동으로 나타내는 것을 말합니다. 어떤 사람은 조

금 실천하고 또 다른 사람은 많이 실천합니다. 믿음이 자라서 보이는 행위가 점점 커지게 되면 하나님께서 더욱 크게 축복해 주십니다.

그러므로 여러분은 환경에 좌우되어서는 안 됩니다. 감각이나 이성에 좌우되어서도 안 됩니다. 저 하늘이 무너지고 이 땅이 꺼져도 일점일획도 변하지 않는 하나님의 말씀에 바탕을 두고 여러분의 믿음이 서게 되면 말씀은 인간의 감각이 취소하지 못하고 인간의 이성이 취소하지 못하므로 환경 때문에 흔들리지 않게 됩니다.

여러분이 말씀을 믿고 의심과 두려움의 장막을 깨뜨리고 실천으로 돌을 옮겨 놓으면 주님께서는 창조적인 역사를 베푸셔서 죽은 자를 살리시며 없는 것을 있게 해주시는 것입니다.

CHAPTER 04

결 론

성경에는 「영혼 없는 몸이 죽은 것 같이 행함이 없는 믿음은 죽은 것이니라」고 말씀하고 있습니다. 성경에 기록된 위대한 믿음의 용사들은 모두 그들의 믿음을 행함으로 밖에 나타내 보인 분들입니다. 중풍병자와 그의 친구들이 행함으로 그들의 믿음을 보여 주지 않았더라면 중풍병자가 자리에서 일어나지 못했을 것입니다. 그러나 그들은 예수님이 치료자 되심을 믿고 그들의 믿음을 눈에 보이도록 나타내자 주님께서 아브라함을 축복해 주시듯 「일어나 네 상을 들고 집으로 가라」고 말씀하셨습니다.

여러분의 믿음이 적은 것이라 할지라도 행함으로 나타내 보일 때 하나님의 역사가 뒤따릅니다. 그것을 통해 여러분의 믿음이 점점 자라게 되며 믿음의 분량에 따라 하나님께서는 여러분의 온갖 구하는 것이나 생각하는 것에 넘치도록 채워 주시는 것입니다.

PART 4

보이는 믿음과 **십일조**

『아브람이 그돌라오멜과 그와 함께 한 왕들을 파하고 돌아올 때에 소돔 왕이 사웨 골짜기 곧 왕곡에 나와 그를 영접하였고 살렘왕 멜기세덱이 떡과 포도주를 가지고 나왔으니 그는 지극히 높으신 하나님의 제사장이었더라 그가 아브람에게 축복하여 가로되 천지의 주재이시요 지극히 높으신 하나님이여 아브람에게 복을 주옵소서 너희 대적을 네 손에 붙이신 지극히 높으신 하나님을 찬송할지로다 하매 아브람이 그 얻은 것에서 십분의 일을 멜기세덱에게 주었더라 소돔 왕이 아브람에게 이르되 사람은 내게 보내고 물품은 네가 취하라

아브람이 소돔왕에게 이르되 천지의 주재시요 지극히 높으신 하나님 여호와께 내가 손을 들어 맹세하노니 네 말이 내가 아브람으로 치부케 하였다 할까 하여 네게 속한 것은 무론 한 실이나 신들메라도 내가 취하지 아니하리라 오직 소년들의 먹은 것과 나와 동행한 아넬과 에스골과 마므레의 분깃을 제할지니 그들이 그 분깃을 취할 것이니라 이 후에 여호와의 말씀이 이상 중에 아브람에게 임하여 가라사대 아브람아 두려워하지 말라 나는 너의 방패요 너의 지극히 큰 상급이니라』

(창세기 14:17~15:1)

제4장

보이는 믿음과 십일조

　　　　　믿음은 예수 그리스도를 구주로 모셔들여서 거듭나게 됨과 동시에 각 사람에게 분량대로 주어집니다. 그리고 그 믿음은 말씀을 들음으로 성장하고 실천함으로 더욱 성장하게 됩니다.

　일반적인 사람들은 믿음이란 신비한 것으로 속에 감추어져 있어서 그 믿음이 얼마나 크고 작은지를 알 수 없다고 생각하고 있습니다. 그러나 그것은 크나큰 오해입니다.

　믿음이란 우리들의 행위에서 분명히 볼 수 있는 것입니다. 그렇기 때문에 하나님께서는 우리들에게 볼 수 있는 믿음을 끊임없이 요구하고 있습니다.

「네 믿음을 내게 보여라. 그러면 그 믿음을 통해서 내가 너의 생애 가운데 역사하고 운행하겠다」고 오늘도 주님께서는 말씀하십니다.

오늘날 사람들은 이러한 질문을 합니다.

「우리는 과연 우리의 속에 있는 믿음을 통해서 현실적으로 물질과 생활을 지배하고 다스릴 수 있을까요? 하나님을 믿는 믿음은 단지 우리 영혼이 구원받아 영원한 천국으로 가는 것 이외에 또 다른 무엇이 있을 수 있을까요?」

여러분, 하나님께서 우리 속에 주신 믿음을 눈에 보이는 믿음으로 나타나게 할 수만 있다면 우리는 이 믿음을 통하여 물질과 생활을 현실적으로 완전히 지배할 수 있을 것입니다.

만물은 하나님이 지으셨고, 또 현재도 그 능력의 말씀으로 만물을 붙들고 계십니다. 그리고 그 위대하신 능력으로 우리들의 생활이 부족함이 없이 넘치게 되기를 지금도 원하고 계십니다. 그러나 오직 보이는 산 믿음을 통해서만 하나님께서 이 일을 행하실 수 있습니다. 그러면 우리가 어떻게 하여야 오늘날 물질과 환경을 지배할 수 있는 산 믿음을, 보이는 믿음을 하나님 앞에 내어놓을 수 있을까요?

  이제 그 문제에 대한 해답을 여러분에게 제시하고자 합니다.

CHAPTER 01

물질과 생활과 하나님

물질과 생활을 지으신 하나님

「신앙이란 영적인 문제만을 취급하는 것이다. 물질과 생활은 인간적이고 세속적이기 때문에 하나님께서 그러한 문제에는 관심이 없다」
 이렇게 말하는 사람이 적지 않습니다.
 그러나 나는 여러분에게 영적인 하나님께서 바로 이 물질과 생활을 지으셨다는 사실을 말씀드리고 싶습니다. 하나님께서 물질과 생활은 영적인 부속물로 지으셨기 때문에 그것에 대해 무관심할 수가

없습니다. 성경 창세기 1장 1절에 보면

『태초에 하나님이 천지를 창조하시니라』

고 기록되어 있습니다. 하늘과 땅과 세계와 그 가운데 있는 모든 것이 모두 하나님께서 지으신 것이라고 말씀하고 있습니다. 땅이 공허하고 혼돈하며 흑암이 깊음 위에 있을 때, 하나님께서 빛을 지으시고 궁창을 지으시며 뭍이 드러나게 하시고 여러 가지 과일 맺는 나무들이 생겨나게 하시며 하늘에 해와 달과 별들이 있게 하시고 물고기를 지으시며 각종 새들을 만드시고 만물을 창조하신 사실을 우리는 성경에서 알 수 있습니다.

뿐만 아니라 하나님께서는 당신과 함께 교제하고 당신과 친히 사랑을 나눌 수 있는, 하나님의 형상과 모양을 좇아 남녀를 만드신 다음 그들을 그대로 방치해 두지 않았습니다. 하나님께서는 천지를 지으신 능력으로 동방에 손수 에덴동산을 지으시고 먹기에도 좋고 보기에도 좋은 실과나무를 나게 하시고 상함이나 해함이 없는 그 동산으로 아담과 하와를 인도하여 그곳에서 살도록 하셨습니다.

그렇기 때문에 아담은 인생을 처음 출발할 때부터 부자였습니다. 무엇을 입을까, 무엇을 먹을까, 무엇을 마실까 염려하고 근심하며 인생을 시작하지 않아도 되었습니다.

그들은 처음 출발할 때부터 하나님께서 모든 것을 예비해 놓은 동산에서 부족한 것이 전혀 없이 영혼이 잘 됨 같이 범사에 잘 되고 강건하며 생명을 얻되 풍성히 얻으며 살 수 있도록 되어 있었습니다. 그러므로 하나님께서는 물질과 생활을 지으시고 그것을 사람에게 풍성하게 주시기를 원하시는 분이심을 성경은 첫 장부터 우리에게 증명하고 있습니다.

아담으로 인한 저주와 파괴

그런데 아담과 하와의 후예인 우리들이 오늘날 무엇을 먹을까, 무엇을 입을까, 무엇을 마실까를 끊임없이 염려하며 헐벗고 굶주리면서 괴로움을 당해야 할 이유가 어디에 있을까요? 그것은 하나님의 뜻으로 말미암은 것이 아니라 아담과 하와의 죄 때문입니다. 아담과 하와는 하나님을 경외하고 하나님에게 순종하며 물질과 환경을 지배하며 살도록 지음을 받았습니다. 그런데 그들이 마귀의 꾀임에 빠져서 하나님을 반역하고 불신앙하며 불순종하므로 말미암아 물질과 생활에 대한 지배권을 하나님께로부터 빼앗기고 말았던 것입니다.

그때로부터 시작하여 인류는 마귀에게 도적질당하고 죽임을 당하며 멸망을 당하는 상황에 처하여 몸부림치며 가시밭길을 걸어 왔던 것입니다.

지금도 전 세계는 살상무기를 만드는데 급급하여 매년 저개발국가 원조자금의 30배를 거기에 투자하고 있다고 합니다. 이러한 사실을 상기할 때 만일 오늘 범세계적으로 전 인류가 하나님께 돌아와서 마음을 다하고 뜻을 다하고 정성을 다하여 하나님의 말씀을 순종하고 믿는다면 세상에는 헐벗고 굶주리며, 버림을 당하고 괴로움을 당하는 사람은 한 사람도 없을 것입니다.

우리가 저주로 말미암아 물질과 생활에서 허덕이는 것은 하나님의 뜻이 아니요, 하나님의 계획에 의한 것도 아닙니다. 우리 인간이 마귀와 손을 잡고 불순종하고 불신앙하므로 말미암아 하나님의 지배권을 벗어났기 때문에 우리의 환경에 오늘날과 같은 저주와 비극이 임하게 되었던 것입니다.

그러면 예수님을 믿는 사람들은 물질과 생활을 지배할 수 있을까요?

CHAPTER 02

물질과 생활의 회복

물질의 궁핍에서 건져주신 예수님

 믿지 않는 세계는 모두 다 흑암의 세력 하에 놓여 있습니다. 인간들이 무수히 애를 쓰고 노력하여 생활환경을 개발하고 발전시켜 놓았지만 마귀는 우리를 도적질하고 죽이고 멸망시키는데 그것을 사용하고 있습니다. 지금 전 세계가 경제위기로 사업이 무너지고 물가가 하늘 높은 줄 모르고 뛰어 오르며 점점 더 살기가 어려워지게 된 것은 모두가 인간자신들로 말미암은 것입니다. 하나님께서는 인간에게 풍요를 주셨건만 인간이 마귀와 손을 잡았기 때문에 이마에 땀을 흘려야 먹고 사는 세상이 되고 만 것입니다.

그러나 예수를 믿는 우리는 세상 사람과는 다릅니다. 왜냐하면 하나님께서는

『하나님이 세상을 이처럼 사랑하자 독생자를 주셨으니 이는 저를 믿는 자마다 멸망치 않고 영생을 얻게 하려 하심이라』(요한복음 3:16)

는 약속의 말씀과 함께 하나님을 저버리고 타락한 사람들을 다시 하나님의 품 안으로 들어올 수 있도록 길을 열어 놓으셨기 때문입니다.

하나님의 아들 예수님께서 이 땅에 오셔서 우리에게 하나님의 뜻을 전하셨습니다. 하나님의 뜻은 우리 인간이 죄 대신에 용서와 의를, 병 대신에 건강과 생명을, 마귀의 종노릇 대신에 해방을 얻어 성령 충만함을 받는 것, 가난 대신에 부요와 저주 대신에 축복을, 죽음 대신에 영생을 얻는 것이었습니다. 예수님께서는 이같이 말씀하셨습니다.

『도적이 오는 것은 도적질하고 죽이고 멸망시키려

는 것 뿐이요 내가 온 것은 양으로 생명을 얻게 하고 더 풍성히 얻게 하려는 것이라』(요한복음 10:10)

성경 요한 3서 2절에 보면

『사랑하는 자여 네 영혼이 잘 됨같이 네가 범사에 잘 되고 강건하기를 내가 간구하노라』

고 기록되어 있습니다. 예수님께서는 이 같은 하나님의 선하신 뜻을 우리에게 이루기 위해 인간의 모든 죄와 저주를 친히 걸머지고 십자가에 달리셨던 것입니다. 그러므로 여러분은 예수님의 대속을 가볍게 생각해서는 안 됩니다.

예수님께서는 여러분과 나의 일생의 죄를 모두 걸머지고 십자가에서 청산함으로 말미암아 오늘날에는 죄를 지었음에도 불구하고, 못났음에도 불구하고, 버림을 받아야 마땅함에도 불구하고 누구든지 주님 앞에 나와 예수님을 구주로 믿기만 하면 모든 죄가 하나도 없이 다 청산되고 맙니다.

그러면 예수님께서는 우리의 죄만 청산하셨을까요? 그렇지 않습니다. 성경 말씀에 보면 예수 그리스도가 이 땅에 오셔서 고난 당하신 것은 우리의 죄

만을 청산하기 위함이 아니라 죄로 말미암아 다가오게 된 질병과 가난과 저주를 없애버리기 위함임을 분명히 보여주고 있습니다.

『우리 주 예수 그리스도의 은혜를 너희가 알거니와 부요하신 자로서 너희를 위하여 가난하게 되심은 그의 가난함을 인하여 너희로 부요케 하려 하심이니라』(고린도후서 8:9)

어떤 사람은 이 성경구절을 해석할 때 이 말씀은 영적인 부요를 뜻한다고 말하고 있는데 이는 대단히 잘못된 생각입니다. 여기에 보면

『예수님께서 너희를 위하여 가난하게 되었다』

고 기록되어 있습니다. 그들 말대로라면 예수님께서 우리를 위하여 영적으로 가난했었어야 하지 않겠습니까? 그런데 성경에 보면 주님께서 영적으로 가난하셨다는 기록이 전혀 없습니다. 예수님께서는 하나님의 아들로 성령이 충만했고, 믿음, 소망, 사랑이 충만했으며, 가는 곳마다 기사와 이적을 행했고 늘 하나님이 함께 하셨기 때문에 주님의 일생을 통해 영적으로 가난한 적은 한 번도 없었습니다. 예

수님은 영적으로 한없는 부자였습니다.

그러므로 예수님께서 우리를 위해 가난하게 되셨다 함은 영적인 가난을 말하는 것이 아니라 물질적인 가난을 의미한 것입니다. 주님께서 이 세상에 태어나실 때 움막도 없어서 짐승의 거처인 마굿간에서 태어나셨으니 이보다 가난한 사람은 없을 것입니다. 예수님께서 비록 마굿간에서 태어나셨더라도 살아가는 동안에는 부유하게 지내셨나 하면 그렇지 않았습니다. 주님께서는 이 땅에서 사시는 동안 집 한 채가 없었습니다. 여우도 굴이 있고 산새도 집이 있으되 인자는 머리 둘 곳도 없으시다면서 산과 들에서 주무셨고, 동가식서가숙(東家食西家宿)하실 만큼 가난하셨습니다. 그리고 아무리 사람이라도 죽을 땐 누울 자리와 죽고 난 뒤 묻힐 땅이 있건만 예수님은 돌아가실 때에도 십자가에 달려 돌아가셨으며 시체가 묻힐 땅마저 없어 아리마대 요셉의 무덤을 빌리는 신세를 졌습니다. 세상에서 가난하다 가난하다 해도 예수님처럼 적빈(赤貧)한 사람은 없습니다.

그러면 하늘과 땅의 모든 권세를 다 가진 예수님께서 일생을 통해 왜 그처럼 물질적으로 가난했었을까요? 성경에 보면 예수님께서 물질적으로 가난하게 되신 까닭은 당신 자신을 위해서가 아니라고 했습니다.

『우리 주 예수 그리스도의 은혜를 너희가 알거니와 부요하신 자로서 너희를 위하여 가난하게 되심은 그의 가난함을 인하여 너희로 부요케 하려 하심이니라』(고린도후서 8:9)

예수님께서 우리를 물질의 가난에서 건지기 위하여 머리둘 곳이 없을만큼 당신의 가난하심으로 우리의 가난을 모두 다 청산하셨던 것입니다. 그러므로 예수님을 믿는 사람은 가난할 수가 없습니다. 하나님의 아들께서 가난하게 일생을 보냄으로써 우리의 가난을 대신 다 갚으셨는데 우리가 가난의 진딧물을 더덕더덕 붙이고 산다면 예수님의 고난을 무(無)로 돌리는 어리석은 자가 되고 맙니다. 그러므로 우리는 가난해서는 안 됩니다. 우리는 예수님 안에서 부요케 되어야 할 책임과 의무가 있는 것입니다.

생활의 저주에서 건져주신 예수님

 뿐만 아니라 주님께서는 생활의 저주에서도 우리를 건지셨습니다. 여러분, 아무리 가진 것이 많다고 할지라도 저주가 임한 가정은 가시밭과 같습니다.
 며칠 전 신문에 난 것처럼 부부가 끊임없이 싸우고, 자식들이 가출하여 갱단을 만들어서 흉기를 가지고 남의 집에 강도질하러 갔다가 잡히는 일이 생활에서 떠나지 않는다면 주름살이 펴질 날이 없을 것입니다.
 그런데 예수님께서는 생활의 저주에서 우리를 건지셔서 우리들로 하여금 생활을 지배하도록 하셨습니다.
 『그리스도께서 우리를 위하여 저주를 받은바 되사 율법의 저주에서 우리를 속량하셨으니 기록된바 나무에 달린 자마다 저주 아래 있는 자라 하였음이라 이는 그리스도 예수 안에서 아브라함의 복이 이방인에게 미치게 하고 또 우리로 하여금 믿음으로 말미암아 성령의 약속을 받게 하려 함이니라』(갈라디아서 3:13~14)

여기에 보면 나무에 달린 자마다 저주 아래 있는 자라고 기록되어 있습니다. 예수님께서 나무에 달리시는 저주를 받은 이유는 바로 여러분과 나의 저주를 짊어지기 위함이었던 것입니다. 예수님께서는 십자가에 달리신지 6시간만에 『내가 다 이루었다』고 외치시며 운명하셨습니다.

『다 이루었다』를 헬라원어로는 「테텔레스 타이」인데 이것을 「다 이루었다」고 번역하는 것보다는 오히려 「다 청산했다」라고 번역하는 것이 그 의미가 훨씬 원어에 가깝습니다. 그 당시 사람들이 물건을 산 다음 청구서대로 돈을 지불하면 「테텔레스 타이(완불)」라는 도장이 찍힌 계산서를 물건을 산 사람에게 주었다고 합니다.

예수님께서 무슨 빚을 지셨기에 십자가에 달리시는 값을 치르고 다 청산하셨을까요? 주님께서는 빚을 지신 것이 하나도 없었습니다. 죄의 빚을 진 적도 없었고 가난의 빚을 진 적도 없었으며, 병의 빚을 진 적도 없었고 저주의 빚을 진 적은 더더구나 없으셨습니다. 그럼에도 불구하고 주님께서 십자가에 달리신 것은 우리의 저주의 값을 대신 지불하기 위해서였던 것입니다. 성경에 분명히 주님께서 우리를 대신하여 저주를 받으셨다고 말씀하셨는데 오늘 너무나 많은 사람들이 저주에서 해방되지 못하고 있습니다. 예수님께서 이미 청산하신 저주를 우리는 왜 아직도 짊어지고 있습니까?

사랑하는 성도 여러분, 여러분은 성경을 읽으시고 눈을 뜨십시오. 형식적으로 의식적으로 교회에 왔다 갔다할 것이 아니라 예수 그리스도 안에서 내가 어떠한 사람이 되었는가를 깨달아야 합니다. 주님께서 상을 차려 주셨으면 먹을 줄 알아야 됩니다. 상을 차려 주었는데 아무것도 못 먹는다면 참으로 어리석은 사람입니다.

성경에 보면 예수님께서 분명히 가난을 대속했고 저주를 대속했다고 했습니다.

그러므로 우리는 물질적인 가난과 저주의 생활에

서 해방을 받았습니다.

예수님의 은혜를 심령 속에 받아들여라

물질과 생활을 지으신 하나님께서 그것을 아담과 하와에게 주셨지만 마귀의 종이 됨으로써 상실하고 말았습니다. 그러나 마지막 아담으로 이 땅에 오신 예수님께서 십자가를 통하여 물질과 생활을 값 주고 사서 여러분과 나에게 「네 것」이라고 주셨습니다. 그러므로 우리는 이것을 믿음으로 받아들여서 물질의 풍요를 누리고 생활을 지배해야 되겠습니다, 이것이 곧 산 믿음입니다.

『하나님이 능히 모든 은혜를 너희에게 넘치게 하시나니 이는 너희로 모든 일에 항상 모든 것이 넉넉하여 모든 착한 일을 넘치게 하게 하려 하심이라』
(고린도후서 9:8)

CHAPTER 03

보이는 믿음과 십일조

믿음의 조상 아브라함과 십일조

지금까지 내가 드린 말씀으로 여러분이 물질의 가난으로부터 벗어나고 생활의 저주로부터 벗어날 수 있게 된 근거를 알 수 있게 되셨을 것입니다.

여러분이 믿음의 근거를 얻어서 믿음을 확실히 소유하고 싶으면 그 믿음을 보여드려야만 산 믿음이 되고 그 위에 하나님께서 역사하실 수 있습니다.

우리 속에 있는 믿음이 산 믿음이 되기 위해서는 어떻게 해야 할까요? 우리는 성경에서 속에 있는 믿음을 보여서 산 믿음이 되게 했던 믿음의 선배들의 이야기에서 그 방법을 알 수 있습니다. 믿음의 선배들 중에서 가장 위대한 사람은 믿음의 조상인 아브라함입니다. 아브라함의 조카 롯이 소돔 땅에서 살고 있었는데 그돌라오멜왕과 그의 연합군에게 공격을 받고 포로로 잡혀 갔습니다. 이 소식을 들은 아브라함은 자기 집에서 기른 사병을 거느리고 뒤쫓아가 야음(夜陰)을 이용하여 기습작전을 펴서 그돌라오멜왕을 무찌르고 포로로 잡혀갔던 롯의 가족, 소돔과 고모라의 백성들과 탈취당한 재물을 되찾아 돌아왔습니다.

이기고 돌아오는 아브라함을 소돔왕이 영접하였고, 그 위에 지극히 높으신 하나님의 대제사장 살렘왕 멜기세덱까지 마중을 나와 축복해줬습니다.

『천지의 주재시요 지극히 높으신 하나님이여 아브람에게 복을 주옵소서』(창세기 14:19)

그리고 난 다음 멜기세덱은 아브라함에게 떡과 포도주를 주었습니다. 멜기세덱은 예수 그리스도의 모형으로, 떡은 예수님의 깨어진 몸으로, 포도주는 예수님이 흘리신 보혈로 각각 상징되고 있습니다. 하나님께서는 이미 이것을 통하여 예수 그리스도의 깨어진 몸과 흘리신 보혈로써 우리를 저주와 가난에서 속량해 주실 것을 보여주셨던 것입니다. 떡과 포도주를 받은 아브라함은 하나님께서 그에게 물질의 축복을 주시고 저주에서 해방시켜주신 것을 믿었고 그 증거로써 온전한 십일조를 드렸다고 했습니다.

『아브람이 그돌라오멜과 그와 함께한 왕들을 파하고 돌아올 때에 소돔왕이 사웨 골짜기 곧 왕곡에 나와 그를 영접하였고 살렘왕 멜기세덱이 떡과 포도주를 가지고 나왔으니 그는 지극히 높으신 하나님의 제사장이었더라 그가 아브람에게 축복하여 가로되 천지의 주재시요 지극히 높으신 하나님이여 아브람에게 복을 주옵소서 너의 대적을 네 손에 붙이신 지극히 높으신 하나님을 찬송할찌로다 하매 아브람이 그 얻은 것에서 십분 일을 멜기세덱에게 주었더라』(창세기 14:17~20)

많은 재물과 포로로 잡혀갔던 백성이 되돌아 온

것을 본 소돔왕이 아브라함에게

『이렇게 고마울 수가 없으니 백성들만 내게로 보내고 보물은 네가 다 가져라』고 말했습니다.

그러나 아브라함은 이같이 말했습니다.

『천지의 주재시요 지극히 높으신 하나님 여호와께 내가 손을 들어 맹세하노니 네 말이 내가 아브람으로 치부케 하였다 할까 하여 네게 속한 것은 무론한 실이나 신들메라도 내가 취하지 아니하리라』(창세기 14:22~23)

아브라함은 하나님을 의지하고 하나님을 생활의 자원으로 삼았습니다.

하나님의 응답

이에 감격한 하나님께서는 아브라함의 이상 중에 나타나셔서 다음과 같은 말씀을 하셨습니다.

『아브람아 두려워 말라 나는 너의 방패요 너의 지극히 큰 상급이니라』(창세기 15:1)

하나님이 방패가 되시는데 감히 누가 공격해 오겠

으며 하나님이 상급이 되셔서 모든 것을 공급하시는데 가난과 저주가 어떻게 있을 수 있겠습니까? 아브라함이 십일조를 드림으로써 하나님께서 물질과 생활을 지배한다는 살아있는 믿음을 보여드리자 하나님께서는 아브라함의 방패가 되시고 상급이 되셨던 것입니다.

야곱의 서원

믿음을 보이기 위해 십일조를 드린 것은 아브라함만이 아니었습니다. 그의 손자 야곱도 그러하였음을 성경 창세기 28장 20~22절에서 볼 수 있습니다.

야곱이 집을 떠나 외삼촌 집으로 가는 도중 밤이 되어 산에서 돌베개를 베고 잠을 잤습니다. 꿈에 보니 하늘 문이 열리며 사닥다리가 놓이고 천사가 사닥다리 위를 오르락 내리락하며 그 꼭대기 하늘로부터 하나님의 음성이 들려왔습니다. 아침에 일어난 야곱은 베개하였던 돌에다 기름을 붓고 하나님께 서원했습니다. 돈 한 푼 없이 고향 땅을 떠나 외삼촌 집으로 가는 야곱은 참으로 하나님의 도움이 필요했습니다. 그에게는 영적인 도움뿐만 아니라 물질적인 도움도 지극히 필요했습니다. 그는 하나님께서 물질적인 도움도 주시는 분이심을 믿었기 때문에 믿음을 눈에 나타나 보이도록 했습니다. 그리하여 그의 믿음이 성경에 기록되어 오늘날 우리도 그의 믿음을 볼 수 있습니다.

『야곱이 서원하여 가로되 하나님이 나와 함께 계시사 내가 가는 이 길에서 나를 지키시고 먹을 양식과 입을 옷을 주사 나로 평안히 아비 집으로 돌아가게 하시오면 여호와께서 나의 하나님이 되실 것이요 내가 기둥으로 세운 이 돌이 하나님의 전이 될 것이요 하나님께서 내게 주신 모든 것에서 십분 일을 내가 반드시 하나님께 드리겠나이다 하였더라』 (창세기 28:20~22)

야곱은 하나님께 물질적인 축복을 요구한 다음, 산 믿음의 증거로써 십일조를 내세웠습니다. 율법이 있기 430년 전에 하나님께서는 우리에게 물질을 주시고 생활에 축복을 주시는데 그 축복에 대한 산 믿음으로써 십일조를 하나님께 드렸다고 성경은 분명히 말하고 있습니다.

CHAPTER 04

물질과 생활에서 부요케 됨을 기뻐하시는 하나님

부어주시는 하나님

성경 말라기 3장 10절에는 하나님께서 우리에게 복을 퍼부어 주시기를 원하고 계심을 보여주고 있습니다.

『만군의 여호와가 이르노라 너희의 온전한 십일조를 창고에 들여 나의 집에 양식이 있게 하고 그것으로 나를 시험하여 내가 하늘 문을 열고 너희에게 복을 쌓을 곳이 없도록 붓지 아니하나 보라』

하나님의 말씀에는 거짓이 없습니다. 그런데 여기

보면 우리가 물질과 생활을 지배할 수 있는 믿음을 나타내 보여 드리려면 온전한 십일조를 하나님의 창고에 들이는 것이라고 하였습니다. 어떤 사람은 십일조가 삼십만 원인데 사 오만원을 드리면서도 십일조를 드렸다고 합니다. 그것은 십일조가 아니라 감사헌금에 불과합니다. 온전한 십일조란 자기의 전 수입에서 십분의 일을 하나님께 드리는 것을 말합니다.

또 어떤 사람은 수입에서 십분의 일을 떼어서 반은 이 교회에, 나머지 반은 저 교회에 드리는데 그러면 온전한 십일조가 못됩니다. 자기가 섬기는 교회에 십일조를 고스란히 다 드려야 온전한 십일조를 드리는 것이 됩니다. 아브라함을 보십시다. 그가 멜기세덱으로부터 떡과 포도주를 받았는데 십일조를 드릴 때 멜기세덱에게만 드렸습니까? 아니면 멜기세덱에게 십일조의 반을, 그리고 나머지 반을 다른 사람에게 드렸습니까? 그는 십일조를 모두 멜기세덱에게 드렸습니다. 여러분이 하나님의 집에 온전한 십일조를 드리면 그 보이는 믿음을 통해서 하나님께서 여러분에게 쌓을 곳이 없도록 부어 주시겠다고 하셨습니다.

지켜주시는 하나님

이와 같이 여러분이 십일조를 하나님께 드려서 여러분의 믿음을 보이도록 하면 하나님께서 물질적인 축복을 주실 뿐 아니라 생활도 지켜주십니다.

『만군의 여호와가 이르노라 내가 너희를 위하여 황충을 금하여 너희 토지 소산을 멸하지 않게 하며 너희 밭에 포도나무의 과실로 기한 전에 떨어지지 않게 하리니 너희 땅이 아름다와지므로 모든 열방이 너희를 복되다 하리라 만군의 여호와의 말이니라』(말라기 3:11~12)

우리가 아무리 열심히 벌어도 도적을 만나 몽땅 잃어버리거나 화재를 만나 모두 태워버리는 불상사를 당하면 애써 받은 것이 허사가 되고 맙니다. 그런데 하나님께 온전한 십일조를 드리면 하나님께서 우리를 지켜주셔서 생활에서 불상사를 막아주심으로 사람들로부터 복되다는 말을 듣게 하겠다고 하셨습니다. 온전한 십일조를 드리는 것이야말로 보이는 믿음, 산 믿음인 것입니다.

CHAPTER 05

결 론

온 세계는 다시 한 번 거센 경제위기를 겪고 있습니다.
물가고(物價高)와 인플레는 우리들의 물질과 생활을 위협하고 있습니다. 그러나 여호와를 하나님으로 섬기는 백성들을 결코 두려워하지 않습니다. 왜냐하면 만물을 지으시고 생활을 창조하신 하나님께서 삶의 근원이 되시고 생활의 자원이 되시기 때문입니다.
그러므로 우리는 하나님께서 여러분의 물질과 생활의 자원이심을 믿고 그 믿음을 하나님께 보여드려야 합니다. 아브라함이 십일조를 믿음을 나타내 보였을 때 하나님께서 그의 방패와 상급이 되셨습니다. 야곱도 어려운 환경에 처하여 다급할 때 하나님께 물질축복을 구한 다음 믿음의 증거로 십일조를 제시하였습니다. 오늘 여러분이 물질과 생활의 지배권이 하나님께 있음을 아무리 믿는다고 고함쳐도 믿음을 나타내 보이는 증거로써 십일조를 하나님께 드리기 전에는 물질과 생활의 축복을 기대할 수 없습니다. 하나님께서는 오직 보이는 믿음을 통해서만 일하십니다. 수입 중에서 십분의 일을 하나님께 드릴 때 눈에 보이는 믿음, 산 믿음이 되고 그 위에 하나님의 역사가 임하게 됩니다.

오늘 하나님께서 여러분과 나를 축복해 주시기를 원하고 계십니다. 예수 그리스도는 이를 위해 십자가를 짊어지셨습니다. 주님께서는 여러분이 가난한 것을 원치 아니하시고 저주 아래 있는 것을 바라지 않습니다. 여러분이 물질과 생활에서 넘치는 축복을 받게 되기를 하나님께서는 원하십니다. 그러하기 위해서는 우리가 온전한 십일조를 드림으로 우리의 믿음을 보여 드려야겠습니다.

십일조가 많고 적음은 문제가 되지 않습니다. 온전한 십일조를 드리느냐, 아니냐가 문제입니다. 여러분이 하나님께 여러분의 믿음을 보여드리기만 하면 됩니다. 여러분이 하나님께 보이는 믿음으로 대바구니를 내어 놓으면 하나님께서는 대바구니에 차게 하시고 되를 내 놓으면 되에 차게 하시며, 말을 내 놓으면 말에 차게 해 주십니다. 여러분이 믿음의 그릇을 하나님께 내어 놓으면 하나님께서는 그분의 믿음의 그릇의 분량대로 축복해 주시는 것입니다.

그러므로 우리 믿는 사람들의 경제이론은 믿지 않는 세상 사람들의 경제이론과는 다릅니다. 경제공황이 휩쓸어도 우리 믿는 사람들이「동남풍아 불어라 서북풍아 불어라 가시밭에 백합화 예수 향기 날린다」라고 외칠 수 있는 것은 우리가 십일조를 드려 믿음을 보이는 이상 주님께서 우리에게 물질축복을 해 주시고 생활을 지켜주셔서 가난과 저주의 종이 되지 않게 하시기 때문입니다.

우리는 예수 그리스도 안에서 가난과 저주를 지배

함으로 말미암아 가난 대신에 부요를, 저주 대신에 축복을 받아 내가 살고 남도 살리며 온 세계만방에 선한 일을 할 수 있어야겠습니다.

PART 5

보이는 믿음과 **믿음의 씨앗**

『이것이 곧 적게 심는 자는 적게 거두고 많이 심는 자는 많이 거둔다 하는 말이로다 각각 그 마음에 정한 대로 할 것이요 인색함으로나 억지로 하지 말찌니 하나님은 즐겨 내는 자를 사랑하시느니라 하나님이 능히 모든 은혜를 너희에게 넘치게 하시나니 이는 너희로 모든 일에 항상 모든 것이 넉넉하여 모든 착한 일을 넘치게 하게 하려 하심이라 기록한바 그가 흩어 가난한 자들에게 주었으니 그의 의가 영원토록 있느니라 함과 같으니라 심는 자에게 씨와 먹을 양식을 주시는 이가 너희 심을 것을 주사 풍성하게 하시고 너희 의의 열매를 더하게 하시리니』

(고린도후서 9:6~10)

제5장

보이는 믿음과 믿음의 씨앗

　　　　　어떤 사막이라도 그곳에 강물만 흐르게 되면 옥토로 변화되고 만물이 소생할 수 있게 됩니다. 그렇기 때문에 옛날 문명의 발상지(發祥地)는 모두 강(江)가였습니다.

　중국의 문명은 황하유역에서 일어났고, 인도 문명은 인더스 강과 갠지스 강에서 일어났으며 메소포타미아 문명은 티그리스와 유프라데스 강 유역에서 일어났고, 애굽의 문명은 나일 강 유역에서 일어났던 것입니다.

　한국의 곡창지역 평야도 모두 강의 젖줄을 안고

있습니다. 김포평야는 한강을, 호남평야는 영산강을, 김해평야는 낙동강을 안고 있습니다.

이와 같이 강물은 모든 생명과 산물(産物)의 근원적인 자원입니다.

그런데 오늘날 주 예수를 믿는 사람들도 그들 속에 하나님을 생명강(生命江)으로 모시고 있음을 알아야 합니다. 성경 시편 1편에 하나님을 모신 사람들을

『저는 시냇가에 심은 나무가 시절을 좇아 과실을 맺으며 그 잎사귀가 마르지 아니함 같으니 그 행사가 다 형통하리로다』

라고 말씀하심으로 예수 믿는 사람이야말로 하나님의 강가에 심어진 나무와 같은 사람이라고 하셨습니다.

또 예수님께서도 친히 성경 요한복음 7장 38절에

『나를 믿는 자는 성경에 이름과 같이 그 배에서 생수의 강이 흘러나리라』

고 말씀하셨습니다.

주를 믿는 사람들은 이처럼 만사를 형통케 하시는

하나님을 무한한 생명과 축복의 자원으로, 흘러넘치는 강으로 우리 속에 모시고 있습니다.

아무리 젖줄인 강을 안고 있는 기름진 땅이라 하여도 그것을 갈아서 씨를 뿌리지 않으면, 아무런 수확을 얻을 수 없습니다. 이와 같이 우리 생애 속에서도 무한한 축복과 생명의 자원이 되시는 하나님께서 생수의 강같이 넘쳐나오고 있지만 우리들이 믿음의 씨앗을 뿌리지 아니하면 아무것도 거둘 수 없습니다.

우리들은 하나님 앞에서 보이는 믿음으로써 믿음의 씨앗을 뿌려야만 합니다.

여러분과 나는 예수님을 구주로 모셔들여서 하나님의 자녀가 되었습니다. 이제는 하나님이 구만리장천 머나먼 곳에 계시지 않고 생수의 강이 되어 여러분 속에 흐르고 있습니다. 여러분과 나는 마치 강가에 심어놓은 포도나무와 같습니다. 이러므로 우리들은 우리들의 생활 속에서 하나님의 기사와 이적과 능력을 얻을 수 있습니다. 그러나 하나님의 능력을 우리 생활 속에 산출하기 위해서는 반드시 씨앗을 뿌려야만 됩니다.

  강물을 안고 있는 옥토라도 씨앗을 뿌리지 아니하면 아무것도 거둘 수 없음과 같이 하나님께서 성령으로 생수의 강같이 여러분 생애 속에 넘쳐 나오고 있어도 여러분이 믿음의 씨앗을 뿌리지 않으면 하나님의 능력은 그대로 흘러가고 맙니다. 나는 오늘 여러분에게 이 사실을 성경을 통해 확정해 드리겠습니다.

CHAPTER 01

믿음의 씨앗을 심어라

엘리야와 사르밧 과부

성경 갈라디아서 6장 7절에 보면
『스스로 속이지 말라 하나님은 만홀히 여김을 받지 아니하시나니 사람이 무엇으로 심든지 그대로 거두리라』
고 기록하고 있습니다. 사람이 무엇이든 심어야 거두는 것이 있지 심지도 않고 수확을 기대하고 기다리는 것은 하나님을 업신여기는 죄를 범하게 되는 것입니다.

성경 열왕기상 17장 8~16절에 보면 놀라운 이야기가 기록되어 있습니다. 이스라엘 백성들이 하나님을 섬기면 하나님께서 이스라엘 백성들을 돌봐주기로 약속이 되어 있었습니다. 그런데 이스라엘 백성들이 하나님을 섬기지 않고 이방신(異邦神)을 섬기는 죄를 범하자 하나님께서 그 벌로써 3년 6개월 동안 비를 내리지 않게 하셨습니다. 이스라엘의 온 천지는 마치 불에 탄 것 같았습니다. 가뭄으로 인해 무서운 흉년이 들어 짐승떼는 말할 것도 없이 수많은 사람들이 굶어 죽었습니다.

그 즈음, 하나님의 종 엘리야가 사르밧에 있는 과부의 집 근처에 나타났습니다. 엘리야가 사르밧 과부의 집 가까이 갔을 때 그 과부가 피골이 상접한 몰골로 집 주위에서 나뭇가지를 줍고 있었습니다. 엘리야가 그에게 다가가 무엇하느냐고 묻자, 한 움큼 남은 가루와 조금 남은 기름으로 음식을 마지막으로 만들어 먹고 죽을 작정이라고 합니다. 엘리야는 그에게 「가루와 기름으로 나를 위하여 음식을 만들어서 물 한 그릇과 함께 가져오라」고 말한 뒤 이렇게 덧붙였습니다.

『이스라엘 하나님 여호와의 말씀이 나 여호와가 비를 지면에 내리는 날까지 그 통의 가루는 다하지 아니하고 그 병의 기름은 없어지지 아니하리라 하셨느니라』(열왕기상 17:14)

여기에 보면 엘리야가 하나님의 위대한 축복을 주기 전에 먼저 마지막 남은 한 움큼의 가루와 기름병의 기름으로 음식을 만들어 엘리야에게 가져오라고 했습니다. 먼저 하나님의 종 엘리야에게 음식을 가져와서 그로 먹게 한 다음에라야 비로소 하나님께서 지면에 비를 내리실 때까지 가루통의 가루가 다하지 아니하고 기름병의 기름이 없어지지 아니한다는 약속을 주셨습니다.

엘리야의 말을 듣고 난 뒤 그의 말대로 실천을 하든지 아니하든지 그것은 사르밧 과부의 마음에 달려 있습니다. 아무도 그 과부에게 강제로 「이렇게 해라, 저렇게 해라」고 할 수 없습니다. 그러나 사르밧 과부는 엘리야의 말대로 행했습니다. 그는 하나님께서 전지전능하시고 무소부재하시며 능치 못하심이 없음을 믿었기 때문에 극한 가난 속에서도 믿음의 씨앗을 심기로 결심했던 것입니다.

오늘날 사람들은 이같이 변명을 합니다.

「우리에게는 믿음의 씨앗을 심을만한 힘이 없습니다. 우리는 물질이 없고 시간도 없고 몸을 드릴 수도 없습니다」

그러나 세상에 아무리 가난하다고 해도 사르밧 과부보다는 나을 것입니다. 한 움큼의 가루와 기름병에 조금 남아있는 기름은 그들 식구가 먹고난 다음에는 죽을 수밖에 없는 양식입니다. 하나님께서는 그 가정에 축복의 약속을 주심과 동시에 마지막 남아 있는 양식으로 음식을 만들어 먼저 하나님의 종 엘리야에게 가져오라고 했습니다. 하나님의 축복의 강가에 믿음의 씨앗을 먼저 심으라고 하셨습니다.

하나님께서는 사르밧 과부에게 약속의 말씀을 주셨듯이 오늘날에는 하나님의 약속의 말씀이 가득한 성경을 여러분과 나에게 주셨습니다.

『너희는 먼저 그의 나라와 그의 의를 구하라 그리하면 이 모든 것을 너희에게 더하시리라』(마태복음

6:33)

　이처럼 우리에게도 하나님의 약속의 말씀이 주어졌지만 사르밧 과부와 같은 결단을 내리는 사람이 많지 않기 때문에 하나님의 능력의 강물은 그냥 그대로 흘러가 버리고 맙니다.

　사르밧 과부가 믿음의 씨앗을 심은 결과가 성경 열왕기상 17장 15~16절에 기록되어 있습니다.

　『저가 가서 엘리야의 말대로 하였더니 저와 엘리야와 식구가 여러날 먹었으나 여호와께서 엘리야로 하신 말씀 같이 통의 가루가 다하지 아니하고 병의 기름이 없어지지 아니하니라』

　사르밧 과부가 집에 들어가서 마지막으로 남은 가루와 기름으로 음식을 만들어 물 한 사발과 함께 엘리야에게 가져오라고 할 때 틀림없이 그의 어린 아들이 치맛자락에 매어 달리면서

　「엄마 배고파, 나도 좀 줘」

　했을 것입니다. 자기 생명과 맞바꾸어도 아깝지 않은 아들이 못 먹어 누렇게 떠서 먹을 것을 달라고 울며 보채는데 그 아들을 제쳐놓고 엘리야에게 먼

저 대접함으로써 그는 눈에 보이는 믿음의 씨앗을 심었습니다.

울부짖는 아들을 떨쳐버리고 엘리야에게 음식을 가져오는 일은 결코 쉬운 일이 아닙니다. 그렇기 때문에 하나님께서는 여러분과 나에게 눈에 보이는 믿음을 요구합니다. 여러분 속에 믿음이 있다면 믿음의 씨앗을 심음으로써 눈에 보이는 믿음이 되게 해야 합니다.

사르밧 과부가 믿음의 씨앗을 심은 뒤 집에 들어가서 밀가루 통과 기름을 들여다보니 밀가루와 기름이 차 있었고, 가뭄이 다 지나갈 때까지 밀가루와 기름이 떨어지지 아니하였습니다.

예수님과 오병이어의 기적

이러한 기적은 신약 요한복음 6장 1~13절에도 기록되어 있습니다.

예수님께서 광야에 나가셨을 때 남자만 오천 명, 부녀자까지 합친다면 수만 명이 모여들어 예수님 말씀을 듣고 병고침을 받았습니다. 해가 질 무렵이 되자 사람들이 배가 고파 허덕이는 것을 보시고 예수님께서 제자들을 불러모으신 후 그중에 빌립을 지적하여

「빌립아, 이 사람들에게 무엇으로 먹을 것을 주겠느냐」

하고 물었습니다. 성경에 보면 예수님께서 어떻게 하실 것을 이미 아시면서도 빌립을 시험코자 그러한 질문을 했다고 기록하고 있습니다. 빌립은 예수님의 제자입니다. 그는 예수님의 말씀을 많이 들었었고, 예수님을 따라다니며 예수님께서 행하시는 기적을 체험한 사람으로 그의 마음속에 믿음이 있었습니다. 그러나 속에 있는 믿음을 눈에 보이게 해야 되는 어려움에 부딪치게 되자 예수님께 이같이 대답했습니다.

「각 사람으로 조금 받게 할지라도 이백 데나리온의 떡이 부족하리이다」

그는 사람들을 먹이려는 노력은 조금도 하지 않았습니다. 그는 하나님 앞에 믿음의 씨앗 가져오기를

거부했습니다. 왜냐하면 그에게는 믿음이 없었기 때문입니다. 그는 믿음이 없었기 때문에 믿음을 보이게 하는 믿음의 씨앗을 들고 나올 수 없었던 것입니다. 그렇기 때문에 그는 「할 수 없다」는 변명만 했습니다.

그러나 똑같은 광야에서, 똑같은 위기에 처했고 똑같은 예수님의 제자인 안드레는, 예수님의 말씀은 생명의 강물 같아서 기적을 나타나게 할 수 있다는 것을 믿었기 때문에 믿음의 씨앗을 찾으러 나섰습니다. 만약 빌립처럼 할 수 없다고 믿었더라면 그도 빌립처럼 변명을 늘어놓으면서 주저앉았을 것입니다. 안드레는 그의 믿음을 보여주기 위하여 최선을 다해 믿음의 씨앗을 심기로 했습니다. 그래서 군중들 가운데로 양식을 구하러 다녔습니다. 마침 어린 아이가 점심 도시락으로 가져온 떡 다섯 덩어리와 물고기 두 마리를 보게 되었습니다. 그는 그것을 들고 예수님 앞에 나왔습니다. 그에게 믿음이 없었더라면 그러한 일은 하지 않았을 것입니다. 좀 부끄러운 생각이 들긴 했지만 떡 다섯 덩어리와 물고기

두 마리를 예수님 앞에 들고 나와

「주여, 이것으로는 이 많은 사람들에게는 어림도 없는 것이지만 주님께서 기적을 베풀어 주실 것을 믿습니다」

라고 하면서 믿음의 씨앗을 심었습니다. 그것을 받으신 예수님께서는 무리들을 떼지어 앉게 하시고 떡을 가져 축사하신 후에 사람들에게 나눠 주시니 그 많은 사람들을 다 먹이고도 열두 바구니나 남게 했습니다.

사랑하는 성도 여러분, 하늘나라는 심지 않고 거둘 수 없습니다. 여러분과 내가 구원받는 것은 하나님께서 예수님을 구원의 씨앗으로 심었기 때문입니다.

『한 알의 밀이 땅에 떨어져 죽지 아니하면 한 알 그대로 있고 죽으면 많은 열매를 맺느니라』(요한복음 12:24)

는 말씀대로 구원의 씨앗으로 심겨져서 돌아가셨다가 부활하신 예수님으로 말미암아 우리는 값없이 구원을 받게 된 것입니다. 예수님이 한 알의 밀로 심기우므로 말미암아 우리는 믿기만 하면 구원을 얻지만 하나님의 놀라운 언약의 말씀들이 우리들의 생활환경에 나타나기 위해서는 우리들이 입술로만 「믿습니다」 해서는 아니됩니다. 말로만 「믿습니다」 하는 것은 증거를 동반하지 않는 것이기 때문에 하나님의 역사를 나타내게 할 수 없습니다. 하나님께서는 오직 보이는 믿음을 통해서만 역사하시는데 여러분이 어떤 일을 하더라도 열매 맺기를 원한다면 열매 맺는 것을 목표로 삼고 그 열매의 씨앗을 하나님 앞에 심어서 믿음을 보이도록 해야 합니다. 심지 아니하고 거두려는 사람은 탐욕이 가득한 사람입니다. 이러한 사람에게 하나님께서 축복을 주실리 만무합니다.

믿음의 씨앗을 심는 것은 참으로 중요한 일입니다. 창세기 8장 22절에 보면 하나님께서 노아에게 주신 약속의 말씀이 기록되어 있습니다.

『땅이 있을 동안에는 심음과 거둠과 추위와 더위와 여름과 겨울과 낮과 밤이 쉬지 아니하리라』

주님께서 이 땅을 심판하실 때까지는 계속 심음과

거둠과 추위와 더위와 여름과 겨울과 낮과 밤이 쉬지 아니하리라고 말씀하셔서 심고 거두는 법칙은 우리가 이 땅에 사는 동안 피할 수 없는 사실임을 말해주고 있습니다.

CHAPTER 02

믿음의 씨앗을 심는 방법

각각 그 마음에 정한 대로 할 것

성경 고린도후서 9장 6~10절에 보면 이와 같이 기록되어 있습니다.

『이것이 곧 적게 심는 자는 적게 거두고 많이 심는 자는 많이 거둔다 하는 말이로다 각각 그 마음에 정한 대로 할 것이요 인색함으로나 억지로 하지 말찌니 하나님은 즐겨 내는 자를 사랑하시느니라 하나님이 능히 모든 은혜를 너희에게 넘치게 하시나니 이는 너희로 모든 일에 항상 모든 것이 넉넉하여 모든 착한 일을 넘치게 하게 하려 하심이라 기록한 바 저가 흩어 가난한 자들에게 주었으니 그의 의가 영원토록 있느니라 함과 같으니라 심는 자에게 씨와 먹을 양식을 주시는 이가 너희 심을 것을 주사 풍성하게 하시고 너희 의의 열매를 더하게 하시리니』

여기에 보면 우리가 어떻게 믿음의 씨앗을 심어야 하는지에 관해 말씀하고 있습니다. 성경에는 적게 심는 자는 적게 거두고, 많이 심는 자는 많이 거둔다고 하였습니다. 그러면 언제 내가 적게 심어야 하고 언제 많이 심어야 할까요? 여러분의 필요에 따라 심으면 됩니다. 식구가 많은 집은 농사를 많이 지어야 하기 때문에 씨앗을 많이 심을 것이고 식구가 적은 집은 농사를 많이 짓지 않아도 되니 씨앗을 조금 뿌릴 것입니다.

이처럼 여러분의 삶이 있어서 큰 문제가 다가와 하나님의 도움이 크게 필요하면 여러분은 큰 믿음을 보여 드려야 할 것이며 그러기 위해서는 많이 심어야 할 것입니다. 그러나 하나님의 도움이 크게 필요하지 않으면 여러분의 적은 믿음으로도 해결할 수 있기 때문에 여러분이 적게 심어도 되는 것입니다. 예수님께서 제자들에게 종종 「너희 믿음을 어디에다 두었느냐 믿음이 적은 자여 왜 의심하였느냐」 하고 탄식하셨습니다. 하나님께서는 사람들에게 믿음의 분량대로 은총을 베풀어 주십니다. 그러므로 여러분의 형편과 사정을 따라 심으면 되는 것입니다.

인색함으로나 억지로 하지 말 것

여러분이 믿음의 씨앗을 심을 때 인색함으로나 억지로 심지 말아야 할 것입니다. 오늘날 성령께서는 우리를 도와주셔서 우리의 마음에 믿음의 씨앗을 얼마만큼 심으라고 말씀해 주십니다. 우리는 성령께서 마음에 말씀하신 대로 좇아서 믿음의 씨앗을 심으면 됩니다. 그런데 여러분이 하기 싫으면서도 체면 때문에 억지로 심거나 아까운 생각이 들어서 적은 액수로 믿음의 씨앗을 심으면 그것은 무효가 되고 맙니다.

농사짓는 사람은 종자 씨앗을 좋은 것으로 잘 선택해야 많은 결실을 거둘 수 있습니다.

믿음의 씨앗을 심는 여러분 마음의 자세는 바로 어떤 씨앗을 심을까를 선택하는 것이 되므로 이것은 참으로 중요합니다. 그러므로 성령이 여러분의 마음에 말씀하시는 대로 인색함으로나 억지로 말고 즐거운 마음으로 하나님 앞에 심으면 됩니다.

여러분 가운데「제 힘에 겨운데요?」하고 말씀하실 분이 계실 것입니다. 하나님께서는 내가 큰 일을 하기 전에 언제나 심으라고 했습니다. 그런데 어떤 때는 나의 힘에 벅차도록 심으라고 하실 때도 있었습니다. 걱정이 되어서 하나님 앞에 엎드려 기도하자

『심는 자에게 씨와 먹을 양식을 주시는 이가 너희 심을 것을 주사』(고린도후서 9:10)

라는 말씀을 주셨습니다. 내가 심을 마음만 먹는다면 하나님께서 심게 해 주신다는 말씀으로 그 문제가 해결된 적이 있습니다. 그러므로 여러분은 하나님의 성령이 하시는 말씀을 좇아서 믿음의 씨앗

을 심을 때 인색함으로나 억지로 심어서는 안 됩니다.

즐겨내라

끝으로 여러분이 하나님께 믿음의 씨앗을 심을 때 즐거운 마음으로 심어야 됩니다. 우는 마음으로 마지못해 심어서는 안 됩니다. 사르밧 과부는 어려운 가운데서도 즐거운 마음으로 믿음의 씨앗을 심었습니다. 여러분들도 믿음의 씨앗을 심을 때 즐거운 마음으로 하나님께 감사하고 찬미하면서

「하나님, 저 같은 사람을 통해서도 믿음의 씨앗을 심게 해 주시고 기적을 기대할 수 있게 해 주심을 감사합니다」

하고 심어야 풍성한 열매를 거두게 하는 참된 씨앗이 됩니다.

CHAPTER 03

씨앗을 심은 후에 할 일

거둘 것을 믿고 기대하라

 우리는 심고 난 다음에 심은 것을 거둘 줄 기대하는 믿음을 가지고 있어야만 합니다. 농부가 씨앗을 뿌려 놓은 후 보따리를 싸서 그곳을 떠난다면 씨뿌린 것이 허사가 되고 맙니다. 농부는 씨를 뿌리고 난 다음 가을에 풍성하게 거둘 것을 기대합니다.

 예수 믿는 사람들도 이와 마찬가지여야 합니다. 우리가 하나님의 강가에 믿음의 씨앗을 심었으면 필연적으로 놀라운 수확이 있을 것을 기대해야 됩

니다. 성경 고린도후서 9장 8절에

『하나님이 능히 모든 은혜를 너희에게 넘치게 하시나니 이는 너희로 모든 일에 항상 모든 것이 넉넉하여 모든 착한 일을 넘치게 하게 하려 하심이라』고 하셨습니다.

『주라 그리하면 너희에게 줄 것이니 곧 후히 되어 누르고 흔들어 넘치도록 하여 너희에게 안겨 주리라 너희가 헤아리는 그 헤아림으로 너희도 헤아림을 도로 받을 것이니라』(누가복음 6:38)

이것이 하나님의 법칙입니다. 그러므로 믿음의 씨앗을 심은 자는 심은 다음 기적이 일어날 것을 기대하고 그것을 마음속에 그려보며 즐거워하고 간절한 마음으로 기다려야 되는 것입니다.

가꾸라

나아가 믿음의 씨앗을 심은 뒤에는 심은 것을 가꾸어야 됩니다. 성경 고린도전서 3장 6절에 보면 『나는 심었고 아볼로는 물을 주었으되 오직 하나님은 자라나게 하셨나니」라고 기록하고 있습니다.

그러므로 믿음의 씨앗은 심은 뒤에 물을 주어야 됩니다. 식물의 씨앗을 심은 다음에는 그냥 물을 주면 되지만 믿음의 씨앗을 심은 다음 어떻게 물을 줘야 할까요? 여러분이 말씀을 듣고 읽고 공부하는 것이 곧 심은 믿음의 씨앗에 물을 주는 것이며 하나님께 감사와 찬양을 드리는 것이 또한 물을 주는 것이 됩니다.

그러므로 믿음의 씨앗을 심고 난 다음 하나님의 기적이 일어날 것을 기대하고, 말씀을 계속 듣고 읽어서 신앙을 성장케 하고 연이어 성령충만함을 받고 늘 하나님께 감사를 드리는 생활을 할 때 심은 씨앗에 물을 주는 것이 됩니다.

기다려라

어떤 씨앗은 1년 안에 수확을 거두게 됩니다. 그러나 인삼 같은 것은 씨를 심은지 5~6년이 지나야 거두게 됩니다. 기다리는 것이 지루하다고 인삼이 채 자라지도 않았는데 뽑아 본다면 심은 것이 헛수고가 되고 맙니다. 이처럼 여러분이 심은 믿음의 씨앗에는 얼마 안 있어 추수를 하는 것이 있고 몇 년을 기다려야 풍요롭게 거두는 것이 있습니다. 그러므로 금방 거두는 것이 없다고 낙심하여 성급하게 중도에서 포기하지 말고 심은 뒤에 기다릴줄 아는 지혜도 가져야 됩니다.

성경에 『사람이 무엇으로 심든지 그대로 거두리라』(갈라디아서 6:7)고 말씀하셨습니다.

예수를 믿지 않는 사람들은 이 세상에 살면서 육신의 정욕과 안목의 정욕과 이 세상의 자랑을 좇아 살며 죽으면 모든 것이 끝난다고 말합니다. 입으로 그렇게 말하지만 사람이 죽고 난 다음에는 심판이 있을 것을 양심은 알고 있습니다. 심판 때 우리 인간은 일생을 살아가면서 심은 것을 거두게 됩니다. 육체를 위해 산 사람은 육체를 심었기 때문에 심판 때 사망을 거두게 되고, 예수를 믿고 성령이 충만하여 하늘나라와 그 영광을 위해 산 사람은 심판날에 그가 이 세상에서 심은 대로 썩지 않고 쇠하지 아니하는 영원한 기업을 거두게 되는 것입니다. 일생 동안에 심은 것을 심판 때 거두게 된다는 사실을 인간은 아무리 부인하려고 해도 부인할 수 없습니다. 우리는 심은 대로 거두게 되는 것입니다.

CHAPTER 04

결 론

　사철 물이 마르지 않는 강가의 기름진 옥토를 가진 농부라도 그것을 갈아서 씨앗을 뿌릴 생각은 아니하고 하나님께 많은 수확이 있도록 해 주십사 하고 기도한다면 그 농부의 모든 기도와 믿음은 헛되고 맙니다.

　오늘 많은 성도들이 이같은 행동을 하고 있습니다. 하나님의 강물이 우리 가슴 속에 넘쳐 흐르고 있지만 씨를 뿌리지 않고서 수확만 주십사 라고 철야하며 금식하며 부르짖어 기도하고 있습니다. 이러한 사람은 씨앗을 뿌리지도 않고 거두려는 농부와 같이 어리석은 사람입니다.

 씨앗을 심고 난 뒤에라야 농부의 기도와 믿음은 효과를 거두게 됩니다. 우리의 신앙생활도 그와 같다는 것을 기억해야 됩니다. 거듭난 우리의 마음은 옥토이며 그 옥토 위에는 하나님의 생명의 강이 되셔서 흐르고 있습니다. 하나님께서는 우리들이 심고 거두는 법칙을 좇아 소원의 씨앗을 심기 원하십니다.

 그 보이는 믿음의 씨앗을 심었을 때 그것을 통하여 하나님께서는 30배, 60배, 100배의 수확의 기적을 역사하십니다. 하나님께서는 지금도 이렇게 말씀하고 계십니다.

「행함이 없는 네 믿음을 내게 보이라, 나는 행함으로 내 믿음을 네게 보이리라」

 믿음의 씨앗은 실제적인 행동을 통해서 내 믿음을 하나님께 보여드리는 것입니다. 그 믿음을 보시고 하나님께서는 보이는 믿음 위에 기적을 베풀어 주십니다.

 여러분과 나의 영혼이 잘 되게 할 수 있습니다. 범

사가 잘 되게 할 수 있습니다. 강건함을 얻을 수 있습니다. 우리가 모든 일에 모든 것이 넉넉하여 모든 착한 일을 넘치게 할 수 있습니다.

그러기 위해서는 어떻게 해야 할까요? 적게 심은 자는 적게 거두고 많이 심은 자는 많이 거둡니다. 여러분의 필요에 따라 믿음의 씨앗을 심고 하나님의 기적이 일어날 것을 기대하고 가꾸고 기다릴 때 여러분과 나의 기도와 믿음은 위대한 하나님의 역사를 체험하게 될 것입니다.

PART 6

보이는 신앙과
깨어진 자아(自我)

『유월절 엿새 전에 예수께서 베다니에 이르시니 이곳은 예수께서 죽은 자 가운데서 살리신 나사로가 있는 곳이라 거기서 예수를 위하여 잔치할새 마르다는 일을 보고 나사로는 예수와 함께 앉은 자 중에 있더라 마리아는 지극히 비싼 향유 곧 순전한 나드 한 근을 가져다가 예수의 발에 붓고 자기 머리털로 그의 발을 씻으니 향유 냄새가 집에 가득하더라 제자 중 하나로서 예수를 잡아 줄 가룟 유다가 말하되 이 향유를 어찌하여 삼백 데나리온에 팔아 가난한 자들에게 주지 아니하였느냐 하니 이렇게 말함은 가난한 자들을 생각함이 아니요 저는 도적이라 돈 궤를 맡고 거기 넣는 것을 훔쳐 감이러라 예수께서 가라사대 저를 가만 두어 나의 장사할 날을 위하여 이를 두게 하라 가난한 자들은 항상 너희와 함께 있거니와 나는 항상 있지 아니하리라 하시니라』

(요한복음 12:1~8)

제6장

보이는 신앙과 깨어진 자아(自我)

예수님을 믿는 신앙은 그 인격이나 생활의 현저한 변화에서 참 신앙의 존재를 찾아볼 수 있습니다.

만일 예수님을 믿는 신앙이 매주일마다 성경, 찬송가를 들고 교회에 와서 한 번 예배드리는 것을 전부인 것으로 생각하는, 관습적이고 형식적인 행사에 불과하다면 이것은 신앙이라고 할 수 없습니다. 또 우리 기독교 신앙이 마음의 종교심을 만족케 하는데 지나지 않는다면 그러한 신앙은 죽은 신앙입니다.

그러나 예수님을 믿는 신앙은 그렇지 않습니다. 하나님의 성령께서 예수님으로 말미암아 우리 속에 들어오시게 되면 우리 개인의 삶 속에 놀라운 변화가 다가오기 시작합니다. 성령으로 말미암아 우리 삶의 목표가 달라지고 가치와 이념이 달라지며 생(生)의 태도가 달라지고 말과 행동이 변화되며 새로운 인격자로 변화되어 성장케 됩니다. 옛 사람은 죽고 자아는 깨어지고 새로운 피조물이 되어서 태어납니다. 이 변화된 자아가 보이는 신앙의 증거입니다.

오늘날 이와 같이 우리의 신앙이 눈에 보이는 증거로써 나타나지 아니한다면 그 신앙은 잘못된 신앙입니다. 우리의 신앙이 우리 생활과 인격에 보이도록 나타나지 않는다면 아직 구원에 이르지 못한 신앙입니다.

CHAPTER 01

주님을 즐거워하는 생활

주님의 말씀을 즐거워함

옛날 내가 학생시절에는 예수 믿으라는 전도를 받고, 성경공부하는 데 가자고 해서 참석해 보았는데 세상에 재미가 없어도 그렇게 재미가 없을 수 없었습니다. 「창세기 몇 장 몇 절을 찾으시오. 마태복음 몇 장 몇 절을 찾으시오」라고 하는데 창세기가 성경 어디에 있고 마태복음이 성경 어디에 있는 줄을 몰라 쩔쩔맸습니다. 옆 사람의 도움을 받아 겨우 성경 구절을 찾아서 공부를 하는데 사리에 맞지 않는 허

황된 말만 하는 것 같아서 도무지 마음에 들지 않아서 그 다음부터는 아예 성경공부하는데 참석하지를 않았습니다.

그 후 내가 폐병으로 쓰러져 있을 때 나를 전도한 사람이 있었습니다. 그때 나는 예수 그리스도를 구주로 모셔들였고 처음으로 중생을 체험했습니다.

그리고 난 다음 성경을 읽으니까 세상에서 성경말씀만큼 좋은 것이 없었습니다. 지금도 기억이 생생합니다만 그때 성경 히브리서를 읽었는데 사실 무슨 말씀인지 뜻을 잘 이해하지 못했으나 그 말씀들이 꿀처럼 달고 좋았습니다.

여러분들이 예수님을 구주로 모셔들이고 성령이 여러분 속에 들어오게 되면 여러분에게도 그러한 현상이 나타납니다. 옛날에는 하나님 말씀 듣기가 싫고 귀찮았지만 예수님을 믿고 중생하고 나면 하나님 말씀이 달고 오묘해지는 것입니다.

최근 미국에 있는 한 자매님으로부터 편지 한 통을 받았습니다. 그 자매님의 남편은 미국 사람으로, 국제결혼을 한 자매님인데 얼마 전까지만 해도 부부가 다 형식적인 교인이었다고 합니다. 그 자매님이 보낸 편지 내용은 대충 이러합니다.

「목사님, 우리 부부는 주일이 되면 부부가 같이 낮예배에 참석하고 그 예배가 끝나면 파티에 참석하여 술 먹고 춤추며 세상 사람들과 똑같이 살았습니다. 우리는 의식적으로 형식적으로 교회를 다녔습니다. 우리가 믿지 않는 사람과 유일하게 다른 점은 주일 낮 예배에 참석하는 것뿐이었습니다. 그 외에는 다른 것이 하나도 없었습니다.

그런데 제가 오랜만에 한국에 다니러 갔다가 동창생들의 인도로 주일에 순복음교회에 가서 예배를 드리게 되었습니다. 이 교회에 참석해 보니 지금껏 다니던 교회와는 달랐습니다. 그래서 수요일 저녁예배, 금요일 철야예배까지 참석하였다가 중생하게 되었습니다. 그때까지는 중생의 체험을 못했던 것입니다. 거듭난 다음 성령이 저의 마음속에 들어온 이후부터는 하나님 말씀이 그렇게 달 수가 없었습니다. 전에는 예배 시간에 교회에 비치해둔 성경을 읽는 것이 고작이었는데 중생하고 나자마자 말씀이 너무 좋아서 성경을 손에서 떼지 않을 정도가 되었습니다.

처음 남편 곁으로 돌아갔을 땐 남편은 여전히 세속적인 것을 좋아했습니다. 텔레비전 프로도 세속적인 것을 즐기지만 저는 전과 달랐습니다. 저는 세속적인 프로보다는 설교가 나오는 것을 더 좋아했습니다.

달라진 저를 보고 남편이 '당신, 한국에 다녀오더니 보통 미치지 않았어. 술도 안 먹고 담배도 안 피우고 바가지도 안 긁고 욕도 안 하고 기도하고 성경 읽고 얼굴에 기쁨이 넘치는 것을 보니 미쳐도 제대로 미친 것 같군' 하고 말합니다.

주일날 교회에 갈 때 제가 성경을 들고 가니 남편과 시누이들이 눈이 휘둥그레지면서 말합니다.

'아니, 성경은 무엇하러 가지고 가? 성경은 목사님들이나 읽는거야. 교회에 가면 목사님이 성경에 있는 말씀을 들려 주는데 무엇하러 가지고 다녀?'

목사님, 제가 하나님을 사랑하는데 성경을 어찌 사랑하지 않겠습니까. 그리고 그 성경을 제 가까이 두지 않겠습니까. 이곳에 있는 교회에 가면 목사님은 성경말씀보다는 정치, 경제, 교육, 문화, 세속적인 말씀만 하고 사람들은 그러한 말씀을 듣고 성찬만 떼면 모두 천당가는 줄 알고 있으니 너무 속이 답답합니다.

목사님, 제가 변화를 받고 남편을 위해 기도하였더니 남편도 전과는 달리 복음 전하는 텔레비전 프로를 즐기고 성경말씀을 자주 손에 들면서 '우리가 다니는 교회가 무엇인지 모르지만 조금 잘못된 것 같아' 하고 말합니다.

제가 은혜를 받고 나자 이웃에 전도하고 싶은 생각이 불같이 일어납니다. 그런데 남편이나 시누이들은 제가 하나님을 뜨겁게 믿는 것을 원치 않습니다. 남편과는 많이 살지 않았습니까? 더 살아봤자 별 재미도 없을 것 같은데 차라리 이혼하고 신학교에 들어가 남은 생애를 전도하는 일로 바치고 싶습니다. 우리에겐 자녀도 없습니다. 목사님, 어떻게 하면 좋겠습니까?」

나는 그 자매님에게 전도사가 되기 위해 이혼하는

것은 하나님께 영광이 되지 않으니, 기도 많이 하여 남편도 뜨거운 신앙 갖게 되도록 하는 것이 좋겠다는 답장을 보냈습니다.

그 자매님이 오래도록 교회를 다녔지만 성경을 들고 다니지 않았고, 성경을 한 페이지도 읽지 않았습니다. 그러나 중생을 하고 성령이 들어오자 성경말씀을 즐거워하게 되었다고 합니다. 그래서 마리아가 주의 발 아래 앉아 말씀을 듣던 것처럼, 복 있는 사람이 여호와의 율법을 즐거워하여 그 율법을 주야로 묵상하는 것처럼 그 자매님은 말씀을 즐거워하게 되었던 것입니다. 이러한 자매님을 보는 사람마다

「저 여자는 성경 말씀을 좋아한다. 저 여자는 늘 성경을 몸 가까이 한다」

라고 말할 것이며 이것이 중생한 사람의 증거인 것입니다.

여러분이 교회를 다니면서도 성경말씀이 즐겁지 아니하면 아직 중생을 하지 못한 것입니다. 성경에

『사람이 떡으로만 살 것이 아니요 하나님의 입으

로 나오는 모든 말씀으로 살 것이라』(마태복음 4:4)

고 말씀하셨습니다. 우리가 말씀을 적게 먹으면 조금 자라고 많이 먹을 때는 우리의 신앙도 그만큼 많이 자라게 되는 것입니다.

주님을 대접하는 것을 기뻐함

그 뿐만 아니라 주님 대접하는 것을 기뻐하게 됩니다. 성경 누가복음 10장 38절에 보면 이같이 기록하고 있습니다.

『그들이 길 갈 때에 예수께서 한 마을에 들어가시매 마르다라 이름하는 한 여자가 자기 집으로 영접하더라』

마르다와 마리아는 자매지간입니다. 마르다는 예수님을 집에 모시고 대접하는 것이 즐거웠습니다. 그래서 예수님이 집에 오시면 있는 것 없는 것 다 가져다 대접해드려도 조금도 아까운 생각이 들지 않았습니다.

우리가 예수님을 구주로 모셔들여서 성령이 우리

속에 오시면 주님 대접하는데 쓰는 물질과 시간과 노력이 조금도 아깝지가 않습니다. 그래서 주님을 몸 드려 섬기고 마음 드려 섬기고, 물질 드려 섬기며, 예수님 전도하는 것이 생활의 근원적인 기쁨이 됩니다. 옛날에는 그렇지 않았습니다. 옛날에는 육신의 정욕이 기쁘고 안목의 정욕이 기쁘고 이 세상의 자랑을 따라 사는 것이 기뻤습니다. 그러나 이제는 기쁨의 근원이 달라졌습니다. 이제는 하나님의 말씀이 기쁘고, 주의 백성들이 모여서 예배 드리는 것이 기쁘고 하나님 사업하는 것이 기쁩니다. 그래서 입은 옷이 유행에 뒤떨어져도 속상하지 않고 신발이 낡아도 신경이 쓰이질 않습니다. 전에는 세상적으로 사는 것이 최고였으나 지금은 하나님 말씀으로 만족하고 주님 대접하고 섬기는 일이 기쁨이 되는 생활의 변화가 여러분에게 뚜렷이 나타나기 시작하는 것입니다.

  우리 교회에 나오는 부형님들로부터 계하기 좋아하고, 영화구경 가는 것 즐기고, 세속적인 것 좋아하던 아내가 교회에 나가면서부터 지금까지의 생활

태도가 변화되어 성경 읽기를 좋아하고 예배 드리는 것 즐거워하기에, 도대체 교회가 어떤 곳이기에 저렇게 아내가 변화되는가 궁금히 여겨져서 교회에 나왔다가 자기도 예수님을 믿게 되었노라고 간증하는 것을 종종 듣습니다.

이와 같이 예수 그리스도를 믿는 신앙에는 눈에 보이는 증거가 뒤따릅니다. 눈에 보이는 신앙이야말로 참 신앙입니다.

CHAPTER 02

믿음의 어리석은 길을 택하는 생활

 성경 요한복음 11장에 보면 이에 관한 기사가 기록되어 있습니다.

 인간의 이성과 타산으로 사는 삶은 일반 세상적인 삶입니다. 세상 사람들은 인간의 이성과 타산으로만 삽니다만 성도들은 말씀과 믿음으로 삽니다.

 마리아와 마르다는 바로 말씀과 믿음의 어리석음을 택했습니다. 세상 사람들의 눈에는 예수 믿는 사람들이 하나님 말씀을 받아들이고 믿음 위에 서서 사는 것이 대단히 어리석어 보입니다. 그래서 이같이 말합니다.

「아, 이렇게 바쁜 세상에 일요일 하루 종일 교회에

서 보내다니, 뭐? 수입의 십분의 일을 하나님께 바친다고? 세상에 그렇게 어리석인 일이 어디에 있나? 어려운 일을 당하면 그 문제를 해결하기 위해 온갖 수단과 방법을 써 볼 것이지 믿음의 씨앗을 심고 철야기도하고 금식기도하다니 완전히 돌았군」

그러나 믿음의 어리석음을 택할 때 생활 가운데 하나님의 위대한 권세가 나타나게 됩니다. 여기 마리아와 마르다의 체험에 의하면 마리아와 마르다가 하나님 말씀을 즐거워하고 주님 대접하기를 기뻐했는데 오라버니 나사로가 아주 깊은 병이 들었습니다. 그 고장에 있는 유명한 의사들이 다 와서 보고는 고개를 설레설레 흔들면서 「가망이 없다」고 말합니다. 그때 예수님은 요단강 건너편에 계셨습니다. 그들이 예수님께 부탁만 드리면 예수님께서 오셔서 돌봐주실 것이 틀림없습니다. 사람을 보내어 예수님이 빨리 오시도록 했지만 예수님이 그곳에 도착했을 때는 이미 나사로가 죽어서 무덤에 들어간지 나흘이나 된 후였습니다.

땅 밑을 파고 관을 묻는 우리네와는 달리 유대인

의 무덤은 굴을 파서 그 속에다 관을 넣고 큰 바위로 무덤을 막습니다.

부모님처럼 의지하던 오라버니가 죽자 마리아와 마르다의 슬픔은 이만저만이 아니었습니다. 밥도 제대로 안 먹고 밤낮 나흘을 울고 났더니 몰골이 말이 아니었습니다. 나사로가 죽은지 나흘만에 예수님이 오시자 마르다가 뛰어나가 예수님 앞에 엎드려 통곡하며 말했습니다.

「나흘 전에 주님이 오셨더라면 제 오라버니가 죽지 아니하였겠나이다」

마리아도, 뛰어와

「나흘 전에 주님이 오셨더라면 제 오라버니가 죽지 아니하였겠나이다」

라고 말하면서 울음을 터트립니다. 그때 예수님께서 이같이 말씀하셨습니다.

「네 오라버니가 다시 살리라」

예수님은 나흘 전의 예수님이 아니라 지금의 예수님이십니다. 마리아와 마르다는 예수님을 잘못 알았습니다. 그들은 예수님이 나흘 전에 오셨으면 오라버니가 살지만 무덤에 들어간 다음에는 살아날 수 없다고 생각했습니다. 그래서 장차 부활 때 오라버니가 살아날 것이라고 말했습니다.

그러나 예수님은 나흘 전의 예수님이실뿐 아니라 미래의 예수님이시며 현재의 예수님이십니다. 예수님은 어제나 오늘이나 영원토록 동일하신 분이십니다.

예수님은 지금 이 시간 살아계셔서 여러분의 문제를 해결해 주십니다. 예수님은 능력과 권세로써 지금 우리의 죄를 사하시고 병을 고치시며 마귀를 멸하고 가난과 저주를 철폐하시고 사망을 옮겨 놓으시기를 원하시고 계십니다.

그래서 예수님은 마리아와 마르다를 데리고 나사로의 무덤이 있는 곳으로 가는데 수많은 유대인들이 뒤를 따라갔습니다. 어떤 유대인들은 예수님을 보고

「장님의 눈을 뜨게 한 이가 왜 나사로는 죽지 못하게 하지 못했느냐」

면서 조소했습니다. 무덤 앞에 오신 예수님은 마

르다와 마리아를 보면서 말씀하셨습니다.

「마리아와 마르다야, 이 무덤의 돌을 옮겨 놓아라」

예수님께서 왜 연약한 여자에게 무덤을 막고 있는 무거운 돌을 옮겨 놓으라고 하셨을까요? 주님께서는 오직 눈에 보이는 신앙을 통해서만 역사하실 수 있기 때문입니다. 마리아와 마르다가

「오 주님, 우리 오라버니가 살아날 줄 믿습니다」

라고 백번 말해 보았자 그것은 말로써 그치는 것입니다. 정말 그들의 오라버니가 살아날 것을 믿는다면 오라버니의 시체가 들어있는 무덤의 돌문을 옮겨 놓아야 됩니다. 이것은 예수님이 해줄 수 없고 다른 사람도 대신 해줄 수 없습니다. 마리아와 마르다가 해야 합니다. 그래야 눈에 보이는 신앙을 나타낼 수 있기 때문입니다.

그때까지 지켜보고 있던 유대인들이 마리아와 마르다를 보고 말했습니다.

「마리아와 마르다야, 그런 어리석은 짓을 하다가는 유대교에서 축출당할 것이다. 상식적으로 생각해 보아라. 나사로가 죽어서 무덤에 들어간 지 나흘

이 되어 썩은 냄새나 나는데 그가 살아나다니 있을 수 있는 일이니? 그것은 광신자(狂信者)들이 하는 짓이다. 그것은 비이성적(非理性的)이요, 비상식적인 일이다. 정통 유대교인이면서 지식을 가진 너희들이 그런 일을 할 수 있는가? 안돼!」

마리아와 마르다는 생각해 보았습니다. 오라버니가 분명히 죽어서 수의를 입히고 무덤에 장사한 지 나흘이 지나 썩은 냄새가 나는데 예수님은 무덤의 돌문을 옮겨 놓으라니 어떻게 해야 좋을지 모르겠습니다. 그래서 마르다는 말했습니다.

「주님, 이미 무덤에 들어간지 나흘이라 썩은 냄새가 납니다」

그러자 예수님께서는 마르다를 보고 이렇게 말했습니다.

「마르다야, 내가 네게 말하노니 네가 믿으면 하나님의 영광을 보리라 하지 아니하였느냐?」

여기에서 마르다는 이것이냐 저것이냐를 선택해야 했습니다. 조소하는 유대인들과 동조하며 자신의 이성과 경험을 택할 것이냐, 예수 그리스도의 말씀을 믿는 믿음의 어리석음을 택하여 무덤의 돌문을 옮겨 놓을 것이냐의 기로(岐路)에 서 있었습니다.

예수님의 얼굴은 굳어졌습니다. 예수님은 조금도 타협하지 않는 얼굴로 마르다를 노려보고 있었습니다.

「네가 믿었으면 믿음의 돌을 옮기므로 네 믿음을 보여라」

마르다는 입장이 난처하였습니다. 세상을 따르자니 주님을 슬프시게 하겠고, 주님을 따르자니 세상의 조롱거리가 되겠고, 인간의 이성과 경험을 따르자니 믿음을 저버려야 되고, 믿음을 따르자니 인간 이성과 경험을 초월해야 하기 때문입니다. 어떻게 해야 좋을지 모르는 마리아와 마르다는 많이 망설였습니다. 그러나 한참 후에 그들은 말씀과 믿음을 따라 살기로 결단을 내렸습니다. 예수님의 말씀대로 말씀과 믿음의 어리석음을 택함으로 인하여 유대인들로부터 버림을 당할지라도 말씀과 믿음의 길을 택하기로 결정을 내린 다음 그 둘은 무덤의 돌문에 매달렸습니다.

그러는 마리아와 마르다를 보고 모든 유대인들은 손가락질했습니다.

「광신자가 되었군. 비이성적이고 비경험적인 저런 일을 하다니 미쳤어」

라고 하면서 한 사람도 마리아와 마르다를 도와주려고 하지 않았습니다. 밥을 제대로 먹지 못하고 밤낮 나흘동안 울면서 지낸 두 처녀에게 무슨 힘이 있겠습니까? 돌문을 움직이려다 손이 빗나가면서 살갗이 벗겨져서 피가 납니다. 다시 자세를 고쳐잡고 돌문을 움직이려 하다가 엉덩방아를 찧기도 했습니다. 몇 번이고 쓰러져도 조소하는 유대인들은 여전히 조소하고 예수님도 한 발자국도 움직이지 않고 가만히 서 계십니다.

이윽고 그들이 죽을 힘을 다해서 돌문을 옮겨 놓았을 때 그들의 손에서 피가 나고 옷도 더러워졌습니다. 무덤에서는 시체 썩은 냄새가 확 풍겼습니다.

그러나 다음 순간 예수님은 마리아와 마르다를 제쳐놓고 입을 벌리고 서 있는 무덤 앞에 서서 산천을

뒤흔드는 위대한 창조적인 음성으로 외쳤습니다.

「나사로야, 나오라!」

그러자 죽은 나사로가 수의를 입은 채 밖으로 걸어나왔습니다.

하나님의 말씀과 믿음은 인간의 이성과 경험을 초월한 기적을 나타나게 한다는 증거를 본 유대인들의 입은 그만 닫혀지고 말았습니다.

이것이 믿는 자의 증거입니다. 눈에 보이는 증거입니다. 예수님을 믿는 사람은 말씀과 믿음을 인간의 이성이나 인간의 경험 위에 올려 세웁니다. 성경은 말씀하기를

「주여, 주의 말씀을 주의 모든 이름 위에 높였나이다」

라고 했고, 시편 기자는

「주여, 주의 말씀을 하늘에 영원히 굳게 세우셨나이다」

라고 했으며, 예수님께서도

「저 하늘이 무너지고 이 땅이 꺼져도 하나님의 말씀은 일점 일획도 변하지 않으리라」

고 말씀하셨습니다.

우리 예수 믿는 사람들은 인간의 이성이나 경험이 하나님 말씀과 일치될 때 물론 받아들입니다. 그러나 인간의 이성이나 경험이 하나님 말씀과 상반될 때에도 우리는 하나님 말씀과 믿음을 택하는 어리석음을 택합니다. 이러한 우리를 보고 세상 사람들이 손가락질하고 미쳤다고 말할지라도 절망의 바위를 옮겨 놓은 것이 우리 믿는 자의 생활입니다. 우리가 이 절망의 바위를 옮겨 놓으면 하늘과 땅을 지으신 예수님이 오늘도 우리를 찾아오셔서 죽은 나사로를 살리시듯 죽음의 문제를 해결해 주십니다.

여러분의 사업이 죽은 나사로와 같이 되었습니까? 여러분 가정이 죽은 나사로와 같이 되었습니까? 여러분의 육신이 병들어서 죽은 나사로와 같이 되었습니까? 여러분의 자녀들이 불순종하여 죽은 나사로처럼 썩은 냄새를 풍기고 있습니까? 여러분이 하나님의 말씀과 믿음 위에 서서 부르짖어 기도할 때에 오늘날도 죽은 나사로의 문제는 해결되는 것입니다.

말씀과 믿음의 어리석은 편을 택하는 것이 신자가 가는 길이요, 이것은 믿는 사람들이 믿지 않는 사람과 분리되는 것이며 사람들 앞에서 믿음을 보이게 하는 증거가 되게 합니다.

CHAPTER 03

자아(自我)라는 옥합을 깨뜨린 삶

이해타산 없이 예수님께 부어버린 삶

 예수님이 십자가에 못박히시기 일주일 전에 예루살렘으로 가시다가 도중에 베다니에 있는 문둥이 시몬의 집에 들어 가서서 식사대접을 받는데 거기에 마리아가 와서 옥합을 깨뜨리고 기름을 예수님께 붓는 장면이 성경에 나옵니다. 마가복음 14장 3절에 보면
『예수께서 베다니 문둥이 시몬의 집에서 식사하실 때에 한 여자가 매우 값진 향유 곧 순전한 나드 한 옥합을 가지고 와서 그 옥합을 깨뜨려 예수의 머리

에 부으니』

라고 기록되어 있습니다.

여러분, 이 일이 예사로운 일 같지만 예사로운 일이 아닙니다. 예수님은 십자가를 걸머지기 위해 예루살렘으로 가던 도중에 시몬의 집에 들르셨고 마리아가 그곳에 왔습니다. 마리아는 예수 그리스도의 말씀을 기뻐하고 예수님 대접하기를 즐거워했었고, 말씀과 믿음의 어리석은 길을 택했으며, 옥합을 깨뜨림으로써, 신자로서 가장 어렵고 힘든 믿음의 증거를 보였습니다.

유대인의 처녀에게는 옥합이 대단히 귀중한 것입니다. 왜냐하면 처녀가 시집갈 때에는 옥합에다 향유를 담아 가야 하기 때문입니다. 옥합의 향유가 많으면 시집에서 환영을 받고 옥합의 향유가 적으면 시집에서 그리 환영을 받지 못합니다. 그렇기 때문에 유대사회에서는 부모는 물론 시집갈 당사자도 있는 힘을 다해 옥합에다 기름을 모았습니다.

마리아와 마르다에게 부모가 없습니다. 그래서 부모의 도움을 받지도 못하고 그들 자신이 애를 써서 옥합에다 기름을 모아야 했습니다. 마리아가 깨뜨린 옥합의 기름은 삼백 데나리온이나 된다고 했습니다. 삼백 데나리온이라면 노동자가 노동하여 번 돈을 한 푼도 쓰지 않고 고스란히 일 년 동안 모아야 되는 적지 않은 금액입니다. 처녀인 마리아가 그 많은 돈을 들여서 옥합에 기름을 모으자면 뼈를 깎는 고생을 했을 것입니다. 부모가 안 계셔서 기름이 적다는 말을 안 듣기 위해서 더 열심히 모았을런지도 모릅니다. 마리아는 정성을 다해 기름을 모았을 것입니다. 가끔 비단보에 싸인 옥합을 열고 나드 기름의 향기를 맡으면서 미래의 행복한 결혼생활을 꿈꾸었을 것입니다.

예수님이 베다니에 오셨을 때 마리아는 예수님을 사랑하고 감사하는 마음으로 사무쳤으나 그것을 표현할 수가 없었습니다. 물론 말로써 감사함을 표현할 수 있지만 말은 가식적으로도 할 수 있습니다. 증거가 없는 감사는 신빙성이 없는 것입니다.

그녀는 증거를 내 보이기로 마음먹었습니다. 그래서 더 생각하지 않고 그에게서 가장 귀한 것을 예수님께 드리기로 작정했습니다. 그는 장롱 깊숙한 곳에 넣어 두었던 옥합을 꺼냈습니다. 옥합을 싼 비단보를 풀어놓은 다음 옥합을 들고 예수님께로 왔습니다. 예수님을 섬기기 위해 자기의 일생을 바쳐도 조금도 아까울 것이 없다는 생각을 한 마리아는 옥합을 들어서 문턱에 부딪쳐 깨뜨렸습니다. 둔탁한 소리가 나면서 옥합은 깨어졌고 그 깨뜨린 옥합에서는 나드 기름이 흘러 넘쳤습니다. 그가 옥합을 깨뜨린 것은 시집을 가기 위해 다시 나드 기름을 모을 생각이 없음을 뜻합니다. 마리아는 줄줄 흐르는 기름을 예수님의 머리에 붓고 예수님의 발에도 부었습니다. 이러는 마리아를 보고 예수들도 제자들은 눈이 휘둥그래졌습니다.

마리아는 예수님 발 앞에 꿇어 앉았습니다. 그리고는 머리채로 예수님의 발을 닦기 시작했습니다. 여자에게 머리카락은 얼마나 소중한 것입니까? 그런데 마리아는 아낌없이 그 머리카락으로 예수님의 발을 닦았던 것입니다.

마리아의 머리는 헝클어지고 기름으로 범벅이 되

었습니다. 그의 옷에도 기름이 흘렀고 손에서도 기름이 흘렀습니다. 예수님도 기름으로 목욕한 것 같았습니다. 방 안에는 나드 기름의 향기로 가득했습니다.

거기에서 마리아는 자기의 일생을 예수님께 던졌던 것입니다. 그의 미래를 그리스도의 발 앞에 모두 던졌습니다. 그에게 있어서 가장 귀한 것을 예수님께 드리고「이제는 살아도 예수요, 죽어도 예수요, 사나 죽으나 주의 것이로다」라는 바울과 같은 심정이 되었습니다.

자아가 깨어지지 아니한 가롯 유다

그 때 그곳에 있던 가롯 유다가 고함을 쳤습니다.
『제자 중 하나로서 예수를 잡아 줄 가롯 유다가 말하되 이 향유를 어찌하여 삼백 데나리온에 팔아 가난한 자들에게 주지 아니하였느냐 하니 이렇게 말함은 가난한 자들을 생각함이 아니요 그는 도적이라 돈 궤를 맡고 거기 넣는 것을 훔쳐 감이러라』(요

한복음 12:4~6)

가룟 유다의 눈에는 예수님은 보이지 않고 쏟아진 값비싼 향유만 보였습니다. 그리고 탐심은 분노를 일으켰던 것입니다.

여러분, 마리아와 가룟 유다의 차이점을 보십시오. 마리아는 완전히 자아가 다 깨어진 사람입니다. 옥합을 깨뜨릴 때 자아도 함께 깨어졌습니다. 그리고 깨어진 자아를 예수님 그 발 앞에 내어 던졌습니다.

그러나 가룟 유다는 예수님을 삼년 반 동안 따라 다녔지만 자아가 깨어지지 아니했습니다. 그는 어떻게 하든지 예수님을 이용하여 권세를 잡을 생각만 했습니다. 그리고 예수님을 이용하여 돈을 벌겠다는 생각뿐이었습니다. 그는 예수님 발 앞에 깨뜨린 자기를 던진다는 것은 생각조차 못했습니다. 자아가 깨어지지 아니한 가룟 유다는 예수님은 보이지 않고 삼백 데나리온의 나드 기름을 허비하는 것으로만 보였던 것입니다.

그러자 예수님께서 이같이 말씀하셨습니다.

「그 여자를 괴롭히지 말고 가만히 두어라. 그 여자는 내게 좋은 일을 했다. 그는 나의 장사지낼 것을 앞질러 해주었다. 내가 진실로 말하노니 복음이 전파되는 곳마다 이 여자가 행한 좋은 일도 전해지리라」

예수님께 대한 헌신 – 신앙의 극치

마리아가 예수님의 발 앞에 그의 옥합을 깨뜨린 것은 주님을 얼마나 영화롭게 한 일인지 모릅니다. 그래서 예수님은 복음과 함께 마리아의 행적을 우주에 종말이 올 때까지 기억나게 하겠다고 하셨던 것입니다.

여러분, 신앙의 극치는 여러분과 나의 인생의 옥합을 깨뜨리는 데에 있습니다. 예수님은 저쪽에 계시고 나는 이쪽에 있는 것이 아닙니다. 바울 선생이

『내가 그리스도와 함께 십자가에 못 박혔나니 그런즉 이제는 내가 사는 것이 아니요 오직 내 안에 그리스도께서 사시는 것이라 이제 내가 육체 가운

데 사는 것은 나를 사랑하사 나를 위하여 자기 자신을 버리신 하나님의 아들을 믿는 믿음 안에서 사는 것이라」(갈라디아서 2:20)

고 하신 말씀처럼 예수님께서 나를 위해 그 몸을 깨뜨려 주셨거늘 나 어찌 내 옥합을 깨뜨려 예수님의 그 발 앞에 던지지 않겠습니까.

살아가는데 있어서 돈을 위해 인생의 옥합을 깨뜨리고 권력을 위해 인생의 옥합을 깨뜨리며 쾌락을 위해 인생의 옥합을 깨뜨리는 사람들이 있습니다. 모든 인생은 풀과 같고 그 영화는 풀의 꽃과 같습니다. 풀은 시들고 꽃은 떨어지나 여호와의 말씀은 세세토록 있습니다. 여러분, 인생이 잘 나면 얼마나 잘 났습니까. 영화가 길면 얼마나 길겠습니까.

「화무십일홍, 권불십년(花無十日紅, 權不十年)」이라는 말이 있습니다. 열흘 붉은 꽃이 없고 십년을 지나가는 권세가 없다는 뜻입니다.

그러므로 주께서 우리에게 주신 생애를 주님 그 발 앞에 내어 놓고 예수님 앞에서 우리 마음의 옥합을 깨뜨려서 사나 죽으나 주를 위해 살고 그리스도를 영화롭게 하기 위해 살겠다는 헌신이 이루어질 때 이것은 보이는 신앙의 극치입니다.

이러한 신앙의 향기는 하늘에 올라가고, 마리아처럼 온 역사를 통해 전해질 것입니다.

CHAPTER 04

결 론

　신앙생활이란 깊은 세계로 향해 걸어가는 삶을 말합니다. 세속적인 삶은 지구의 표면이나 인생의 표면을 스치고 지나가는 나무나 풀이나 지푸라기 같은 삶입니다. 금이나 보석은 땅 속 깊은 곳에 있습니다.

　신앙도 이와 같이 깊은 것입니다. 하나님은 존재의 가장 깊은 곳에 계신 분이십니다. 그렇기 때문에 하나님께로 나아가는 길은 깊은 세계로 향하는 길입니다. 깊은 세계로 첫발을 딛는 길은 예수님을 구주로 모셔들이는 것입니다. 그리고 예수님의 말씀을 즐거워하고 주님 섬기는 것을 기뻐합니다.

그러나 말씀과 믿음의 어리석은 길을 택하여 말씀과 믿음으로 인생을 살아갈 때 이것은 더 깊은 삶 속으로 들어가게 됩니다.

그 다음 한 걸음 더 나아가 마음의 옥합을 깨뜨려서 주님 발 앞에, 내 인생의 가장 귀한 것을 쏟아버리고 오직 주님 한 분만을 취하고 예수님 한 분만으로 만족하는 삶을 살 때 이는 진실로 가장 깊은 곳에 들어간 사람입니다.

깊은 곳으로 나아가는 삶에는 깊은 고통을 체험하게 됩니다. 그러나 그 대가로 깊은 고통과는 견줄 수 없는 기쁨을 맛보게 됩니다. 깊은 삶을 얻은 사람들이야말로 금이나 은이나 보석같은 사람들입니다. 이와 같은 사람들은 세상의 보화이며 어둠을 밝혀주는 빛입니다. 그리고 그들의 향기는 예수님과 모든 사람들을 즐겁게 할 것입니다.

예수님을 믿는 삶에는 증거가 있습니다. 그 증거로 말씀을 즐거워하고 그리스도 대접하기를 기뻐합니다. 그리고 온 세상 사람들이 다 바보 천치라고 손가락질하여도 말씀과 믿음의 어리석은 길을 택하여 「믿습니다」로 용기있게 걸어갑니다. 나아가 세상 사람들이 육신의 정욕과 안목의 정욕과 이 세상의 자랑을 따라 살지만 믿는 사람은 그렇지를 않고 마음의 귀한 옥합을 깨뜨리고 인생을 예수님 발 앞에 던져서 사나 죽으나 주의 것이라는 삶을 삽니다. 이러한 사람을 위해서 주님께서는 쇠하지 아니하고 더러워지지도 아니하고 없어지지도 아니하는 새 하늘과 새 땅과 새 예루살렘을 준비하고 계십니다.

이것이 믿음이다

초판인쇄발행 | 1979년 9월 20일
개정초판발행 | 2012년 11월 1일
재판3쇄발행 | 2016년 5월 1일

발 행 인 | 이영훈
발 행 처 | (주)신앙계
　　　　　서울시 영등포구 여의도동 11-17
　　　　　영업부 02)785-3814

　　　　　등록번호 제 13-46호

인 쇄 처 | 동양인쇄 02)838-3311
인 쇄 인 | 유일준
총 판 처 | 서울말씀사 02)846-9222~4

　　　글 ⓒ2012. 조용기
　　　이 책의 저작권은 저자에게 있습니다. 서면에 의한 저자와 출판사의
　　　허락없이 내용의 일부를 인용하거나 발췌하는 것을 금합니다.

　　　값 11,000원

　　　ISBN 978-89-86622-33-1   03230